Cultivez votre réseau

Savoir-vivre et savoir-faire
des « réseauteurs »

Éditions d'Organisation
1, rue Thénard
75240 Paris Cedex 05
www.editions-organisation.com

Bettina Soulez est consultante en formation et anime de nombreux stages dans les entreprises, les ministères ou auprès de travailleurs indépendants et professions libérales. Elle est également chargée de cours en Universités ou grandes écoles et anime des débats et des conférences. Elle travaille sur la communication écrite et orale, la lecture performante, les techniques de mémorisation, la gestion de son temps et de son réseau.

Son site : *www.aubonsens.com*

Bettina Soulez est également l'auteur de :
Devenir un lecteur performant, Éditions Dunod, 2005.
Former et se former, Éditions Casteilla, coll. Top, 2001.
Écrire vite et bien en affaires, Éditions Casteilla, coll. Top, 1997, coauteur M.-A. Giraudy.
Cultivez votre réseau relationnel !, Éditions d'Organisation, 2002.
Lire vite et bien, Éditions d'Organisation, 2002.
La grande cour, Comédie, Collection Théâtre des 5 continents, Éditions L'Harmattan, décembre 2002.

La première édition de cet ouvrage est parue sous le titre :
Cultivez votre réseau professionnel !

Bettina Soulez

Cultivez votre réseau

Savoir-vivre et savoir-faire des « réseauteurs »

Troisième édition

Éditions d'Organisation

Sommaire

Deuxième partie
Savoir-vivre du réseauteur

Remerciements

Mes remerciements aux membres de mes réseaux grâce auxquels j'ai écrit ce livre :

- Bernard, Thomas, Émilie et Bruno, mon mari et mes enfants, esprits curieux, navigateurs chevronnés sur Internet et qui m'en ouvrent régulièrement les nouvelles portes ;
- Philippe et Janine Chastel, mes parents, pour leurs apports culturels ;
- François et Colette Soulez pour leur soutien ;
- Laure Mellerio, Directrice générale du Comité France-Chine du Medef ;
- Charles-Henri Dumon, PDG de Michael Page France ;
- Laurent Barselo, compositeur de musique et producteur artistique ;
- Annaïk Barbé, architecte d'intérieur et scénographe ;
- Gilbert Suraud, acousticien, expert à la cour d'appel de Paris ;
- les femmes du BTP actives à la FFB (Fédération Française du Bâtiment) ;
- le président de la FFB, Christian Baffy, et le président du Conseil de l'artisanat, Alain Bethfort, qui soutiennent le développement du réseau des femmes du BTP ;
- les permanents de la FFB qui me font intervenir depuis des années auprès de ce réseau des femmes du BTP ;

- Cédric Michon, historien et auteur ;
- Jean-Luc Marandon du Lions Club ;
- Philippe Massebeuf, développeur du « Réseau de la forme » ;
- le Conseil supérieur de l'Ordre des Experts-comptables, et plus particulièrement René Duringer, Jean-Denis Coudenc et Frédéric Rogier ;
- le Centre de gestion agréé de la région parisienne (CGARP) et l'Association agréée de la région parisienne (AARP), France Gestion et France Gestion-Professions libérales qui sont une trame de réseau pour leurs adhérents et qui m'ont demandé, les premiers, d'animer ce sujet sur le réseau ;
- le Syndicat du génie climatique et ses clubs de dirigeants : Quadraclim et le groupe J.E.T. ;
- Cécile Thaler ;
- Nicole Avril de l'ESCEM, Groupe École Supérieure de commerce et de management Poitiers-Tours ;
- Philippe Le Roux, président-fondateur du Club Baltimore et du Club Jefferson ;
- Jocelyne Dorigo, de Dorigo Consultants ;
- Alain Nebout, responsable de l'Association des anciens d'HEC ;
- le réseau de la Société française des traducteurs ;
- des stagiaires que j'ai eus sur ce sujet et qui, par leurs questions et leurs idées, me donnent en permanence de nouvelles pistes de travail, notamment celles qui ont inspiré les pages 82 et 83 ;
- l'IFORE, et plus particulièrement Anne d'Erceville ;
- et toutes les entreprises qui, en me recommandant, m'ouvrent les portes de leur réseau.

Préambule

Pourquoi ce livre ?
Une époque « réseau-tée »

Nous vivons une grande époque : tant de facilités nous sont offertes dans ce monde moderne. D'un coup d'ongle sur un clavier, nous voici connectés avec la planète, prêts à livrer nos pensées et nos compétences à des inconnus géographiquement éloignés mais rendus proches par la technologie. La mère de famille du Lot réalise qu'elle peut communiquer avec les femmes américaines du Kansas et échanger des conseils sur l'éducation des enfants ou sur le produit miracle à acheter par correspondance. L'homme d'affaires coréen a conscience d'avoir un marché potentiel aussi bien à Singapour via Internet qu'à Paris ou Bruxelles.

Nous sommes dans un monde où les frontières bougent, sont moins claires, se redéfinissent régulièrement et où l'innovation et la remise en cause sont permanentes. Nous avons conscience que nos carrières seront jalonnées de virages ; nous espérons que nous saurons bien les amorcer car nous aurons senti le vent et ouvert l'œil sur l'horizon.

Que se passe-t-il ?

Nous savons tous que de nombreux métiers se délocalisent au bout du monde ou au bout d'une ligne téléphonique. Il devient donc possible ou nécessaire, dans certains secteurs, de travailler chez soi ; cela peut offrir une vie personnelle plus riche et plus autonome.

Et ce calme retrouvé après les turbulences d'une vie sociale parfois pesante et oppressante peut signifier aussi un isolement trop lourd à supporter. Il est temps alors de penser à ce fameux réseau relationnel dont chacun a besoin pour rester en contact avec les autres. Réseau professionnel et réseau personnel sont fortement imbriqués.

Nous réalisons également que les métiers se spécialisent : nombreux sont les professionnels qui deviennent pointus dans un domaine très ciblé. Pourtant, pour un contrat spécifique, ils peuvent avoir besoin de compétences annexes qu'ils n'ont pas le temps d'acquérir... or leur survie professionnelle va en dépendre. S'ils possèdent un réseau efficace, ils pourront trouver la personne qui les complétera et qui leur permettra d'une part d'honorer leur contrat, d'autre part de progresser.

Maintenant, les *outsiders* ont beaucoup d'opportunités même dans les métiers les plus traditionnels. Ils sont aidés par une technologie nouvelle, performante, fiable et plus simple qui devient accessible même aux petits budgets. Par exemple, aujourd'hui, un particulier ou un indépendant peut monter son site Web et le diffuser dans le monde entier à un prix très raisonnable. Ainsi, votre savoir-faire de confitures de noisettes dans le Sud-Ouest peut dépasser votre région et se vendre à l'international sans qu'une structure très onéreuse soit mise en place.

Cependant, nous ne pouvons être des spécialistes de tout... même les métiers se spécialisent de plus en plus (complexité et mutation technologique sont au rendez-vous). Il devient donc nécessaire d'avoir autour de soi des spécialistes de tous les domaines. Le nombre croissant de travailleurs indépendants est la preuve de cette tendance à la spécialisation.

Nous avons tous autour de nous des personnes qui recherchent un emploi, et d'autres qui souhaiteraient « être chassées » (par un chasseur de têtes !) pour vivre autre chose. Dans l'un et l'autre cas, les réseaux sont indispensables.

Bien que les disciplines se sectorisent, nous voyons souvent des ponts à bâtir entre deux domaines, des évolutions à prévoir d'un métier vers un autre, parfois de manière inattendue, et nous nous sentons portés à créer des projets nouveaux. Ainsi, des avocats ont appris à se spécialiser dans le domaine du multimédia ou d'Internet, des informaticiens se sont spécialisés dans l'aide aux « TPE » (les très petites entreprises), etc. Et pour toutes ces nouveautés à mettre en place, le petit, pour rivaliser avec les grands, a besoin au minimum d'un réseau.

La réponse conjointe à des appels d'offre a par exemple l'avantage de répartir l'investissement en temps et en argent entre deux ou plusieurs partenaires, et de partager les moyens techniques. Ainsi, les petits peuvent se présenter sur le marché à côté des grands. Car l'entrepreneur qui reste trop individualiste, au bout du compte, se paralyse.

Les exemples de rapprochements entre grands groupes fourmillent. Le contenu apporté par l'un remplit le contenant que possédait l'autre : Havas et Canal Plus offrent des programmes à Cegetel qui, lui, prend en charge la diffusion. Les groupes en recherche d'alliances et qui continuent de grandir ont cette politique pour survivre.

Enfin, dans ces périodes de mutation rapide, dans les grands groupes, des réseaux d'influence se font et se défont : certains coulent les individus qui dénotent, d'autres les épaulent et les portent même aux nues. Ainsi, tout semble « réseau » même si, parfois, l'individu se sent isolé dans une société agitée.

Fusion, partenariat, réseau, tout est bon pour aller plus loin en bâtissant mieux. La qualité et le service-client sont au rendez-vous pour un client international devenu pressé, exigeant et parfois même ignorant des contraintes logistiques de l'ancien monde !

Dans mon métier, j'interviens beaucoup en entreprise ou dans de grosses structures mais aussi auprès de travailleurs indépendants et de professions libérales. Et ce besoin de réseaux, de contacts avec d'autres domaines de compétence, voire simplement de liens amicaux, me saute aux yeux à chaque fois. La solitude pèse, et l'échange avec d'autres devient vite indispensable.

Or, tous, nous avons un réseau, parfois même sans l'avoir identifié, ramifications indispensables aujourd'hui... et qu'il faut entretenir ! Ainsi écouter, parler, motiver, fédérer, déléguer, dynamiser... telles sont quelques-unes de vos missions au cœur de ce réseau, qu'il soit formel ou informel.

Un réseau offre des appuis et donne de l'assurance. Il permet l'émergence d'un esprit de compagnonnage et c'est la démonstration superbe que la communication et la réussite sont indubitablement liées. Que ferions-nous sans une société bâtie avec harmonie autour de nous ?

Entretenir son réseau peut donc vouloir dire : entretenir la mémoire que nous avons des uns et des autres, mettre à jour ce que nous connaissons de chacun et raviver régulièrement l'estime ou l'admiration que nous avons d'eux, de leurs compétences, de leurs projets. Pour réaliser tout cela et même aller bien au-delà, certaines méthodes ou comportements peuvent considérablement vous aider. Vous trouverez de nombreuses pistes dans les pages qui suivent.

Un bon réseau, quel qu'il soit, peut donc exister et être actif même si nous n'en avons pas une utilisation quotidienne.

Un réseau... ce qu'en disent les gens

« Ai-je un réseau ? Je me sens souvent si passif par rapport aux gens et aux événements.

« J'ai sûrement un réseau mais je pense que je l'utilise mal...

« Je voudrais élargir mon réseau...

« Je voudrais partager mon fichier avec d'autres, partager des informations pour préparer mes activités professionnelles, pouvoir compter sur autrui en cas de besoin, donner une information à quelqu'un si je sens qu'il l'utilisera mieux que moi.

« Je voudrais augmenter mes contacts à moyen terme, avoir une meilleure mémoire des gens que je rencontre...

« Je cherche dans l'idée de réseau la bouffée d'oxygène nécessaire pour m'échapper de mon travail quotidien...

« Je voudrais prendre conscience du formalisme de mon réseau car, pour l'instant, je n'ai pas conscience de ce qu'il est...

« J'ai l'impression d'avoir laissé en friche un capital qui vaut tout l'or du monde...

« Pour moi, un réseau me permettrait d'avoir une attaque commerciale plus précise, plus ciblée…

« Moi, mon réseau me permet d'éviter de *faire du commercial*, avec mailing trop cher à l'appui…

« Pour certains, le réseau est un formidable outil commercial ; je voudrais posséder cet outil…

« Mon quotidien devrait être de *faire du réseau*. Je me sens parfois submergé, mal organisé ou pas motivé…

« Pour constituer mon réseau professionnel, je ne sais même pas par quoi commencer.

« Mon métier me force à tisser sans arrêt des réseaux pour les autres. J'aimerais me tisser un réseau de relations personnelles sans qu'il y ait une fin professionnelle ou économique en vue…

« J'ai longtemps cru que le réseau était une démarche typiquement féminine ; je réalise que les hommes pensent moins facilement à l'utiliser…

« Je pense que je peux apprendre à travailler différemment grâce à un réseau…

« Je suis allé à l'étranger et ma différence culturelle a été, là-bas, un atout…

« Je suis allé à l'étranger et ma différence culturelle a été, là-bas, une entrave…

« Je ne sais pas si, après un passage à l'étranger, je saurai utiliser mes réseaux pour ma réintégration en France…

« Je crois avoir oublié d'entretenir mon réseau à distance…

« Je suis payé pour faire du réseau et je ne sais même pas par quoi commencer…

« Je me sens très seul et démuni par rapport à toutes les grosses organisations professionnelles qui pullulent dans mon secteur d'activité…

« Je me sens *petit*, donc vulnérable…

« Si mon associé passe sous un autobus, je suis mort ! Le carnet d'adresses, c'est lui ! »

Partie I

Savoir-faire
du réseauteur

1

●

Identifier son
ou ses réseau(x)

Que veut dire le mot « réseau » ?

Ce mot devenu banal et largement utilisé se décline dans *Le Petit Larousse* avec des définitions très variées dont voici quelques extraits :

« Répartition des éléments d'un ensemble en différents points et ces mêmes points ainsi répartis…

« Ensemble de lignes entrecroisées…

« Fond de dentelle à mailles géométriques…

« Entrelacement des vaisseaux sanguins…

« Ensemble de voies ferrées, de lignes téléphoniques, de lignes électriques, de canalisations d'eau ou de gaz, de liaisons hertziennes, etc. desservant une même unité géographique…

« Structure définie par des relations entre les individus…

« Ensemble des personnes qui sont en liaison et qui travaillent ensemble…

« Ensemble des personnes qui sont en liaison en vue d'une action clandestine… ».

Dans des domaines plus pointus, le sens s'affine encore :

- beaux-arts : « dessin que forment des lignes entrecroisées, entrelacées » ;
- informatique : « système d'ordinateurs géographiquement éloignés les uns des autres, interconnectés par des télécommunications généralement permanentes » ;
- physique : « ensemble de traits fins, parallèles et très rapprochés qui diffractent la lumière » ;
- réseau hydrographique : « ensemble des fleuves et de leurs affluents drainant une région » ;
- réseau urbain : « ensemble de villes unies par des liens économiques ».

Je verrais donc bien comme définition de ce mot réseau, afin qu'il s'adapte à mon propos, celui de « maillage, échange avec respect des autonomies et des personnalités. » La personne qui entre dans un réseau ou qui le crée souhaite se sentir moins seule, mais elle y vient aussi avec tout ce qui représente pour elle son autonomie, son individualisme, sa spécificité. Elle veut donc, impérativement, cumuler à terme *réseau* et *liberté*.

Ainsi, dans la constitution d'un réseau formel, faudra-t-il toujours préserver l'autonomie de chacun et la transparence des décisions prises collectivement, tout en acceptant et en intégrant les initiatives personnelles des uns et des autres. Ce réseau ira donc vers une réussite économique parce qu'il y aura eu, d'une part de bons échanges de communication, d'autre part de la confiance.

Un participant à l'un de mes stages me demandait récemment : « Peut-on dire qu'il y a réseau quand commence un entretien ou une réunion à deux ? ». A mon avis, il y aura éventuellement un début de réseau si les participants mettent en commun leurs expériences et décident de reprendre date pour bâtir quelque chose ensemble. Ensuite, le réseau prendra forme en s'alimentant.

Méthode relationnelle ancestrale ou nouveauté du XXIᵉ siècle ?

Rien de bien nouveau, suis-je tentée de répondre : la société, de tout temps, a créé et s'est nourrie de réseaux. Tous les siècles

© Éditions d'Organisation

regorgent d'exemples devenus légendaires où les ramifications relationnelles ont permis de mettre en valeur tel personnage ou telle tendance nouvelle : les cours royales, les salons littéraires, les révolutionnaires... Et toutes les époques charnières de notre histoire se sont transformées, en partie, grâce à des réseaux d'influence.

Mêmes les philosophes de l'Antiquité ont formé, entre eux, un réseau influent : les sophistes d'abord, qui portaient aux nues l'habile usage de la parole – ils la pensaient déterminante pour la réussite sociale – puis leurs détracteurs, plus tard, avec Socrate, Platon et Aristote.

Socrate, reconnu comme sage et savant, crée lui aussi à sa manière un réseau et l'irrigue : il apostrophe les passants pour les forcer à réfléchir sur la connaissance qu'ils ont du monde. À son tour Platon, nourri des pensées de Socrate, écrit ses dialogues et crée une école de philosophie. Sa pensée devient indissociable de celle de Platon dont il parle tant – maillage pour l'éternité entre leurs deux pensées. Lorsque, plus tard, il est appelé en Sicile pour initier le jeune Denys II à la politique, son réseau géographique s'étend, preuve que sa pensée et l'estime que l'on a de lui peuvent dépasser les frontières de l'époque.

Aristote a, lui aussi, gravité dans le réseau de Platon et créé des écoles où il enseigne la philosophie. En déambulant dans les jardins de l'école, il force ses étudiants à déambuler pour l'écouter. Ces derniers sont alors nommés des « péripatéticiens », c'est-à-dire des promeneurs ; le réseau continue. Comme Platon, Aristote donnera un enseignement au fils d'un roi : il est appelé par le roi de Macédoine pour former le jeune Alexandre qui, à vingt ans, succédera à son père.

Et lorsque Alexandre épouse Roxane qu'il a trouvée en Perse, il fait rechercher dix mille vierges pour qu'elles se marient, le même jour que lui, avec les dix mille soldats qu'il a sous ses ordres : n'est-ce pas déjà un réseau colossal pour un mariage colossal ?

Parlons quelques instants de l'Empire romain : à ses débuts, il est peuplé de cent millions de personnes incluant des esclaves, des affranchis, des commerçants, des ouvriers, des immigrés... Mais seuls quatre millions sont considérés comme des Romains qui forment une caste à part, une élite. Par exemple, les Romains ont le droit romain qui leur est accordé : et ce droit s'applique à ce seul réseau. Ainsi Saint-Paul, romain, aura la tête tranchée au lieu d'être crucifié, alors qu'il est jugé aussi coupable que Saint-Pierre ; Saint-Pierre, lui, sera crucifié comme le Christ.

Et voici encore un très beau texte, écrit par Cédric Michon, historien, auteur d'un excellent livre sur la Renaissance[1]. Il évoque le sujet de sa thèse de doctorat d'Histoire « La crosse et le sceptre, les prélats d'État sous François Ier et Henri VIII » :

« Dans la France et l'Angleterre de la Renaissance, l'implication des prélats dans le service royal est tout à fait considérable. Cette thèse entend montrer comment quelques dizaines d'entre eux connaissent un investissement tel qu'ils constituent une institution informelle, présente de manière significative, voire déterminante, dans tous les secteurs de l'administration monarchique. Ces prélats d'État représentent, aux côtés des courtisans et des officiers, le troisième pilier de l'État et permettent d'explorer une voie nouvelle dans la réflexion sur la nature domestique ou bureaucratique de la monarchie. C'est à cette élite fermée, stérile, peu coûteuse, constituée de docteurs et de gentilshommes, d'héritiers et de parvenus et soumise à la double autorité du roi et du pape que ce travail est consacré. »

Les réseaux sont déjà bien là, attentifs et acteurs, sous cette double autorité de l'Église et du monarque.

Les Templiers, les Cathares, les Mormons, eux aussi ont formé des réseaux forts. Les Mormons possèdent même un état entier des États-Unis : l'Utah.

Le réseau peut même être papa, maman, les frères et les sœurs… c'est le cas depuis la nuit des temps.

Tous ces exemples démontrent que les réseaux ont toujours existé et que des similitudes existent dans leur constitution. Ils ont donc toujours été utiles. À l'heure actuelle les hommes, même s'ils se sentent plus individualistes, plus isolés, plus instruits que l'homme lambda ou plus épaulés par la technique,

---

1. *La Renaissance* écrit par Cédric Michon, publié aux Éditions Milan, collection « Les Essentiels »

ont toujours besoin de la société autour d'eux. Ils ont besoin d'y jouer un rôle central et de l'entretenir en bonne santé.

La méthode est donc ancestrale mais suit elle aussi des modes et des courants : chaque époque doit donc l'adapter à un contexte en perpétuelle évolution.

Quand j'étais adolescente, j'entendais les gens dire qu'Untel « avait le bras long ! ». Cette expression me plaisait beaucoup, j'y voyais peut-être l'ancêtre de l'Inspecteur Gadget ! On parlait aussi de « piston », ce qui contenait une image assez péjorative, le pistonné n'ayant rien fait, semblait-il, pour mériter ce traitement de faveur. Cette image du pistonné, propulsé par une force extérieure, est maintenant rarement utilisée ; on lui préfère l'image du « réseauteur » qui actionne ses réseaux et se montre ainsi actif pour infléchir son destin.

Aujourd'hui, avec Internet, les frontières perdent de leur envergure et le réseau peut, en quelques secondes, devenir mondial.

Lors d'une de mes balades sur Internet, j'ai tapé le mot « réseau » associé au mot « entreprise » sur un moteur de recherche pour voir ce qu'il allait me proposer. Évidemment, le résultat fut génial : plein de gens, de réseaux, de contacts, de liens à tous endroits, dans tous pays... J'ai vu qu'une antenne semblait active dans le 92, justement le département où je suis installée ! En cliquant sur le lien, histoire d'en savoir plus, j'ai découvert que l'initiateur de ce réseau était installé dans ma rue, à trois numéros de chez moi ! En quelques secondes, un tour du monde m'avait indiqué un voisin très aisément accessible dont je n'aurais, autrefois, jamais soupçonné l'existence !

Réseau et troc

La tentation d'un réseau serait le troc : l'un offre telle compétence, l'autre en échange lui offre la sienne, au grand dam du fisc qui, lui, ne peut récupérer la TVA. C'est pour cette dernière raison que de telles pratiques sont surveillées par l'administration fiscale ; certaines sont même considérées comme imposables. Ainsi, le particulier peut échanger avec un proche un objet de son patrimoine privé contre un service rendu. En revanche, si un commerçant procède à l'échange d'une de ses marchandises, par exemple contre un service rendu, cela équivaut à une double vente. Le but de cette réglementation est d'éviter la concurrence déloyale qui serait faite alors aux entreprises qui, elles, par citoyenneté, facturent la TVA.

Cependant, la pratique du troc existe en France. À tel point que si vous entrez le mot « troc » sur un moteur de recherche via Internet, vous tombez sur de multiples situations et lieux de troc. J'ai découvert ainsi qu'il existe de nombreux systèmes d'échanges locaux (les SEL), notamment en France. Cela peut aller d'un réseau d'échanges de savoir au troc traditionnel, en passant par les cadeaux ou coups de mains entre amis ou voisins. L'idée de départ est proche de celles des monnaies locales qui existaient avant le XIXᵉ siècle. Chacun apporte sa complémentarité et sa différence. Cela impose donc que chacun ait réfléchi sur lui-même et sur les compétences qu'il peut apporter.

L'unité d'échange classique est le « grain » de SEL ou bien, selon les régions, la « goutte de lait », le « pétale », la « noix », la « claie », le « caillou »… Chaque tâche est cotée et vaut un certain nombre d'unités d'échange.

Si vous souhaitez en savoir plus, consultez un des sites :

- www.france-troc.com
- asso.francenet.fr/sel/

Veillez, en cas de troc, à rester dans la légalité : en tant que particulier, vous avez des libertés que vous perdez en tant que professionnel. C'est normal, le tissu économique de notre société est à préserver : les idées citoyennes se défendent là.

Les types de réseaux

Nous aurions tort de ne parler que d'un réseau. Car nous en possédons en réalité plusieurs, prêts parfois à se mêler les uns aux autres.

Nous pouvons aussi désirer appartenir à différentes structures, de manière à étoffer notre champ d'action ou nos compétences. La vie professionnelle est même plus riche et plus amusante avec plusieurs fers au feu.

Les « 3 I » : Informels, Innovants et/ou Intuitifs

Il existe des réseaux que vous seul pouvez inventer : ils sont le fruit de votre imagination, de vos « hasards » de parcours, de votre intuition. Ils vous appartiennent, sont uniques et, de ce fait, précieux. Vous êtes le seul à pouvoir les actionner à votre manière, en mettant en relation deux personnes qui n'ont aucune raison de se rencontrer si ce n'est par vous. Vous avez tissé hier tel lien ténu avec un interlocuteur de fortune, vous seul pouvez reprendre contact aujourd'hui pour entamer une démarche constructive pour vous deux.

Ainsi vous pouvez vous appuyer sur des vecteurs variés :

- verticaux : le C.V. ou les coordonnées qui passent par le patron, la secrétaire ;
- horizontaux, faits de confrères-concurrents ;
- par métier : par exemple, chez les avocats, il y a les spécialistes du multimédia, les spécialistes d'Internet... ;
- par association de compétences : par exemple l'imprimeur associé à l'éditeur, associé à l'auteur, associé au distributeur, etc. ou plus simplement les liens clients-fournisseurs par lesquels s'effectue, par exemple, le « marketing viral », viral au sens positif du terme (voir page 94 et suivantes) ;
- par secteur : trouvez des niches qui vous correspondent. Je me souviens par exemple de quelqu'un qui voulait se spécialiser dans le monde de l'automobile. Il cherchait à s'introduire dans les rallyes automobiles, auprès des fabricants, sur les circuits automobiles, dans les clubs...

Enfin, pour votre clientèle, vous pouvez aussi opter pour un réseau généraliste avec variété et pluralité des cibles : vous développez et vendez alors une étiquette de généraliste.

Vous le voyez : les réseaux sont multiples, le capital relationnel peut prendre plusieurs voies.

Vous avez pu choisir aussi une activité au sein d'un réseau pour votre plaisir ; ce terreau peut, un jour, créer du business ou des changements utiles dans votre vie.

Par exemple, dans les cadres suivants :

- les coopératives ;
- les réseaux d'échanges de savoir-faire ;
- les clubs intellectuels : clubs de bridgeurs, de scrabbleurs, cafés philos, etc. ;
- les ateliers théâtre et troupes amateurs ou semi-professionnels ;
- les clubs de collectionneurs de timbres, de bandes dessinées de « Zig et Puce », de monnaies anciennes, de cartes de téléphone, etc. ;
- les SEL (systèmes d'échanges locaux) ;
- les associations ou clubs créés au sein de grandes entreprises ;
- les ambassades et les consulats ;
- les maisons de disques (si elles s'organisent pour s'adapter à un monde qui a changé son mode de consommation de la musique, pour garder leurs valeurs sûres et accepter le risque d'intégrer de jeunes talents prometteurs...) ;
- les maisons d'édition qui font se rencontrer les auteurs entre eux ;
- les ateliers d'écriture ;
- les associations de pêcheurs ou de chasseurs ;
- les cultes ;
- l'armée ;
- les centres de gestion agréés qui regroupent des adhésions de solos et PME ;
- les Maisons des jeunes et de la culture ;
- la SFT (Société française des traducteurs) aux adhérents de toute nationalité ;
- Santé service ;
- les cibistes ;
- les scouts ;
- les « First Tuesday ».
- les formations que vous suivez ;

- les réunions de famille ;
- les dîners entre amis ;
- vos contacts entretenus entre copains d'université, lycée ou collège.

Les étudiants et les bases de réseaux futurs entre Chine, Europe et États-unis

Discussion avec Laure Mellerio, directrice générale du Comité France-Chine du Medef (janvier 2002 et janvier 2005)

Moi :

« J'ai entendu dire que la loi Pasqua, dans son désir de mieux maîtriser les entrées sur le territoire français, avait aussi, par ricochet, cassé certains réseaux utiles aux industriels français. Ainsi, tous ces jeunes étrangers qui viennent faire leurs études en France tissent, pendant leurs études, des réseaux amicaux et professionnels qui auront des incidences sur les exportations françaises futures. Le fait de diminuer les autorisations d'entrée sur notre territoire des étudiants étrangers incite ces mêmes étudiants à choisir un autre pays, l'Allemagne par exemple ou les États-Unis. Par conséquent, pendant leurs études, ces étudiants tisseront un réseau avec de futurs responsables d'entreprise de ces pays, au détriment des contacts qu'ils auraient pu tisser avec de futurs professionnels français. »

Laure :

« La loi Pasqua vise à nous défendre contre les réseaux terroristes ou les réseaux de trafic de drogue ou de contrefaçon. Mais cela touche aussi beaucoup les réseaux « utiles », dans le bon sens du terme. Il y a en France à la fois une grande méfiance et une grande curiosité vis-à-vis de l'étranger. Les Français sont effectivement moins doués pour les relations internationales que certains autres pays européens : ils sont moins accueillants. »

Moi :

« Un responsable de l'Agence universitaire de la francophonie expliquait qu'il était urgent de défendre la langue française dans son utilisation technique et non, seulement, dans sa connotation littéraire. La prédominance de l'anglais pour les échanges technique fait mourir notre langue prématurément. »

Laure :

« Nous partons en retard, cependant. Cela fait des années que, pour les étudiants chinois, les cycles de formation sont attrayants aux États-Unis qui leur ont ouvert grand leurs portes. C'est très difficile actuellement pour un Chinois de venir faire ses études en France. L'été dernier, j'étais aux États-Unis dans le Colorado pour un congrès mélangeant thèmes de

réflexion et musique. Et je me suis rendue compte que, de plus en plus aux États-Unis, on entend parler chinois : il y a là-bas beaucoup d'étudiants venant de Chine. Certains resteront aux États-Unis, d'autres retourneront en Chine et serviront de tête de pont pour des échanges commerciaux. Les États-Unis ont vraiment bien développé une politique d'attribution de bourses d'études. Aujourd'hui, l'idéal d'un jeune Chinois est d'abord de voyager, car la possibilité de sortir de Chine est encore récente, et ensuite de faire ses études aux États-Unis.

« Actuellement, grâce au rayonnement de quelques grandes universités chinoises, de nouveaux réseaux se mettent en place en Chine. Des étudiants étrangers, dont des Français, vont faire leurs études en Chine et les universités s'emploient à intensifier ces échanges. Cela crée des contacts qui seront très utiles une fois ces étudiants disséminés dans la vie active. De jeunes Français s'installent également à Shanghai pour créer une entreprise : tout cela est nouveau et se développe vite. »

Moi :

« Lorsque je suis allée en Chine, j'ai constaté que les Chinois désirent souvent que nous soyons sur une même photo… »

Laure :

« Si les Chinois ont envie d'être photographiés avec un étranger, c'est qu'il est avantageux de faire partie des gens qui voyagent. Il y a quand même encore 75 à 80 % de paysans qui ne bougent pas de chez eux. Donc, être allé à l'étranger, c'est déjà « être quelqu'un ». La photo devient la preuve soit que l'on a voyagé, soit que l'on connaît des étrangers. Je me souviens d'un groupe de Chinois que j'avais emmené à Chambord : ils m'ont demandé de les prendre en photo devant le château. Une fois la photo prise, ils n'ont absolument pas voulu entrer voir l'intérieur ou entendre parler de nos rois qui ne leur évoquent rien. Nous sommes donc passés directement à une autre visite. »

Heureusement, autour de vous, de nombreux réseaux existent, sont formels, reconnus et ont bonne presse. Ils vous seront utiles pour vous distraire, pour faire fonctionner un fructueux bouche à oreille sur les projets qui vous tiennent à cœur ou, plus simplement pour devenir acteur d'une réflexion et d'avancées sur des sujets de société. A vous de choisir :

Les « 3 F », les Formels, Formidablement Forts

- les clubs sportifs : le Racing Club, le Stade français, les salles de remise en forme, les Pyramides, etc. ;

- les associations d'anciens élèves : Celsa and Co', l'X, l'ENA, les Mines, les Arts et Métiers (= les GAZARS), l'ESSEC, HEC, l'ESCEM – Groupe École supérieure de commerce et de management Poitiers-Tours, Euromed (École de commerce de Marseille), CPA, Sciences Po... ;
- les sous-groupes ou les clubs professionnels dans les associations d'anciens élèves ;
- les *think tanks*, ou « boîte à idées » ou « réservoirs de pensées ». Leur but : obtenir un brassage d'idées apportées par des personnalités venues de différents horizons, et influencer les politiques. Quelques *think tanks* : l'Institut Montaigne, la Fondation Robert-Schuman, la Fondation Copernic, Notre Europe, La République des idées... ;
- les associations humanitaires : les Restos du cœur, certaines fondations... ;
- les clubs : le Lions, le Rotary, l'AAWE (Association des épouses américaines mariées à des Européens)... ;
- les partis politiques ;
- les francs-maçons ;
- les associations de jeunes dirigeants ;
- les associations de jeunes entrepreneurs ;
- les associations religieuses ;
- les associations de femmes d'entrepreneurs ;
- les Chambres de commerce ;
- les réseaux régionaux, comme l'Entraide ouvrière à Tours, ou le Collectif Minatec ou le Club des amitiés savoyardes à Grenoble : ;
- les Réseaux ville-hôpital ;
- les clubs de créateurs d'entreprise ;
- les clubs créés par des entreprises : les actionnaires se sont retrouvés adhérents à un club. Entretenir ce réseau coûte sans doute cher à l'entreprise mais cela est certainement rentable pour fidéliser l'adhérent-client-actionnaire ! D'autres réseaux de ce type existent, notamment le club « l'Essentiel du management » ;

- le Club de la maison de la chasse et de la nature ;
- le Club des croqueurs de chocolat ;
- le Club du Fouquet's ;
- le Wine and business club ;
- les centrales d'achat ;
- les associations d'anciens combattants de la résistance ;
- les mouvements de libération dans les pays à régime autoritaire ;
- les lobbyings comme la Clef (Coordination française pour le lobby européen des femmes) ;
- le compagnonnage ;
- les clubs d'exportateurs ;
- les franchisés ;
- Administration moderne, un réseau de femmes hauts fonctionnaires ;
- les réseaux interentreprises : les chambres syndicales, les fédérations professionnelles… ;
- les clubs de dirigeants, le DCF (Dirigeants commerciaux de France), le Garf (Groupement des acteurs et responsables de la formation), le BPW (Business professionnel women), le Club Baltimore, le Club Jefferson ;
- les réseaux intra-entreprises : les syndicats, les comités d'entreprise, les réseaux d'influence… ;
- les réseaux du Web : Linkedin, Viaduc, Trombi, Les copains-davant, Alumni, Meetic, 6nergies, Placedesreseaux, etc. (voir page 175) ;
- les réseaux inter et intra-ministériels ;
- le FAE (Femmes d'action et d'entreprises) ;
- le Centre des jeunes dirigeants ;
- l'AFEDE (Association des financiers et décideurs d'entreprises) ;
- le Club des annonceurs ;
- les compagnons du tour de France;
- www.decideur.com ;

- le club La Tribune entreprises ;
- ETHIC (Entreprise de taille humaine indépendante et de croissance) ;
- le Medef ;
- …

Les chambres syndicales

Les chambres syndicales ou syndicats professionnels sont, eux aussi, extrêmement actifs. Ils établissent des liens forts entre des entreprises qui auraient pu ne se voir que concurrentes sur le terrain. Par le biais de réunions, de formations et de conférences, les personnels des entreprises adhérentes sont appelés à se rencontrer et à échanger des points de vue. Même si la spontanéité de l'échange risque d'être entachée par le jeu qu'il est bon d'avoir devant ses pairs, l'échange existe et donne des résultats.

Ce réseau, qui complète très bien tous les autres précédemment vus, a son charme : en relativisant les potins qui se disent sur la profession, chacun peut malgré tout enrichir sa compréhension du marché et des tendances nouvelles. Enfin, les formateurs et les conférenciers, dont je fais partie, apportent à ces rencontres leurs connaissances sur un sujet. Le public y vient au départ pour cette raison et le sujet est traité de manière à ce que chaque participant reparte avec des idées nouvelles. L'apport est donc double : une formation et un réseau entre confrères ou concurrents.

Les clubs professionnels

J'ai l'occasion d'être sollicitée par différents clubs professionnels pour faire des conférences sur quelques-uns de mes sujets. Ces clubs professionnels sont toujours des publics intéressants parce que l'intervenant extérieur peut ressentir la fraternité, l'écoute et la convivialité que les adhérents veillent à entretenir entre eux. Dans ces clubs, ils se retrouvent entre gens approximativement du même âge, confrontés dans leur vie professionnelle aux mêmes impératifs. Ils viennent se ressourcer, retrouver d'autres professionnels avec qui ils peuvent échanger, et à qui ils peuvent livrer leurs tracas. Ensemble, parfois, ils réfléchissent aux problèmes éthiques que leur pose leur entreprise ou la société en général, à l'équation difficile qu'il faut établir entre la course au profit et la qualité de vie, la qualité du travail et la pression du rendement, etc.

Ces clubs proposent à leurs adhérents des approches variées : des sujets de réflexion, des repas et, occasionnellement, des journées de détente auxquelles sont conviés généralement les conjoints ou toute autre personne pressentie pour intégrer le club. Ce sont souvent des réseaux de bonne facture permettant aux adhérents de créer des liens non régis par les obligations professionnelles ou familiales. Et chacun peut y trouver l'écoute et l'échange qui aident au renouveau.

Les associations d'anciens élèves d'HEC, de l'ESSEC des Mines, du CELSA, de l'ISEP, de Sciences Po, de l'IIE, de l'ISG, de l'ESA, de l'EFAP...

Les associations d'anciens élèves doivent souvent leur dynamisme à une poignée de gens qui se sentent concernés par l'avenir de leurs camarades, mais aussi par celui d'une école, d'un enseignement, d'un diplôme, d'un métier, d'un marché...

Certaines de ces associations font appel à moi pour aider les jeunes ou moins jeunes à trouver un métier ou à réorienter leur carrière.

Il existe une véritable connivence et une solidarité entre des personnes ayant reçu une même formation : elles se sentent entre elles en famille. Elles gardent souvent des souvenirs émouvants de cette période de leur vie où elles ont partagé avec d'autres les grandes ambitions, les envolées lyriques, les fous rires inextinguibles, la spontanéité furieusement violente parfois, et les savoirs grisants ou rébarbatifs à ingurgiter vaille que vaille.

L'offre de réseau relationnel dans ces associations est variée. Cela peut être :

• la rencontre annuelle festive ;

• les formations proposées tout au long de l'année ;

- la gazette qui informe sur les nominations ou les nouveautés concernant les anciens ;

- un club de rencontres tous les mois (tous les derniers jeudis du mois par exemple pour le CELSA) ;

- un parrainage des étudiants de première année par un étudiant plus âgé ;

- des clubs professionnels où chacun peut retrouver ses pairs, etc.

Ces réseaux sont extrêmement précieux pour bâtir un relationnel professionnel ou amical de qualité. Ils ouvrent de nombreuses portes aux adeptes fidèles et offrent un échantillonnage énorme de professions, de personnalités et de générations.

Dernière précision : certaines écoles sont essentiellement connues pour la valeur et la solidité de leur réseau d'Anciens.

Remarque : il est possible d'exister en dehors d'HEC ou du corps des Mines. Ces références-là sont des tremplins mais l'important reste ce qui suit : qu'avez-vous fait de ce potentiel ? Et beaucoup de gens travaillent tout à fait bien dans des domaines fabuleusement intéressants sans avoir ces tremplins de départ puis ces réseaux.

Les réseaux du Comité France-Chine du Medef

Suite de la discussion avec Laure Mellerio (voir page 19)

« La période est favorable : les gens s'intéressent à la Chine et après avoir consulté notre site Internet : www.cf-chine.com, ils se disent : « Il faut être en Chine ! » J'ai donc énormément d'appels qui viennent de manière spontanée. Ce n'était certes pas le cas en 1989 après les événements de la place Tien An Men et la mise en place des sanctions économiques. Là, je me demandais ce que j'allais faire, car organiser des délégations, des missions en Chine ou accueillir des Chinois était devenu très difficile… et c'était dû à un manque d'intérêt des entreprises. Bien sûr, il y en a eu beaucoup qui ont maintenu leur présence comme Alcatel, Framatome ou encore Schneider. Un événement comme Tien An Men ne pouvait pas stopper leurs investissements. Cependant, les affaires courantes ont quand même été ralenties et, à cette époque, je ne voyais pas venir grand monde.

« Parmi les industriels, dans le commerce franco-chinois, il y a aussi bien ceux qui veulent acheter que ceux qui veulent vendre. L'essentiel du commerce extérieur franco-chinois, pendant un temps, était fait de beaucoup d'infrastructures, des livraisons de blé ou de sucre et, du côté chinois, de petit matériel électrique. Maintenant, cela se diversifie et tout le secteur des services se développe.

« L'année de la France en Chine, après l'année de la Chine en France, dynamise aussi beaucoup les échanges. Les Chinois ont d'ailleurs fait remarquer que les relations culturelles et diplomatiques entre nos deux pays étaient bonnes et ils souhaitent voir progresser encore les relations économiques.

« Le potentiel de la Chine est énorme. Ce pays devient un très gros consommateur de matières premières : acier, pétrole, gaz, caoutchouc, soja... et a une grosse réserve d'argent. Ce déséquilibre mondial potentiel inquiète donc la plupart des autres pays. Actuellement, le secteur privé se développe en Chine à grande vitesse. Pendant un temps, il était difficile d'évaluer le poids et l'intérêt de ce secteur privé parce que les entreprises d'état et les organisations qui s'en occupaient étaient les seuls partenaires. Maintenant, en Chine, le monopole n'est plus au commerce d'État centralisé : le secteur privé prend son essor. Un des signes forts de cette émergence est le récent voyage du vice premier ministre Zeng Pei Yan : il est venu en France accompagné de nombreux patrons de grandes entreprises privées.

« Les gens qui s'intéressent véritablement à la Chine en France, nous les connaissons à peu près tous : ils y ont séjourné ou ont fait des études qui les amènent à la Chine. Pour comprendre ce pays immense il faut s'investir dans la durée. C'est l'affaire de toute une vie. On dit qu'il faut une vie entière pour apprendre la calligraphie chinoise mais il y a aussi tout le reste. C'est donc un exercice permanent.

« L'histoire de mon grand-père en Chine me donne vis-à-vis des Chinois une légitimité plus importante sans doute que le fait d'avoir appris le chinois. Mais ce qui compte aussi dans ce pays c'est ce que l'on ne dit pas. Par exemple, je n'ai pas besoin de dire que je suis née en Chine, de même que mon père et mon frère,[1] parce que cela se sait déjà et c'est sans doute pour les Chinois une très bonne raison pour bien m'accueillir. En Chine, le réseau se nourrit aussi du non-dit. Je travaille avec ce pays depuis plus de vingt ans : cela me permet d'avoir un réseau qui a de l'ancienneté, de la force, de la crédibilité. »

Quatre pistes pour entrer en contact avec la plupart de ces réseaux :

1. Quelques mots sur un moteur de recherche comme Google et c'est gagné !

2. Vous trouverez une mine d'informations sur certains de ces réseaux dans le livre d'Alain Marty, *Les réseaux d'influence*, édité chez Ramsès, ou dans les associations d'anciens élèves.

3. Vous pouvez obtenir directement sur le site de l'auteur : www.aubonsens.com ou sur son blog « aubonsens.com » des liens avec certains de ces réseaux ou leurs adresses e-mails.

4. En dernières pages de ce livre, vous avez la référence de nombreux sites.

Les femmes et le réseau

Les femmes, de tout temps, ont semblé vouées à vivre en réseaux. Observez-les dans l'entreprise, dans les milieux associatifs et dans les familles : elles parlent, elles créent des liens, elles entretiennent les sentiments, elles font preuve de compassion. Elles ont une longue histoire derrière elles faite d'écoute, de communication, de sollicitude et d'éducation à donner. Lorsque l'homme partait à la chasse pour nourrir sa famille ou à la guerre pour défendre son territoire, la femme restait au foyer pour s'occuper des enfants et entretenir le feu.

---

1. Son grand-père, Victor Segalen, a eu une curiosité de la Chine si intense que, tout en étant médecin de la marine, il a été explorateur, poète et archéologue et a consacré une grande partie de son temps à écrire sur la Chine avec une approche d'ethnologue. Son œuvre littéraire est maintenant enseignée à l'agrégation.

Aujourd'hui, la femme s'implique dans la vie économique mais elle a souvent conservé la charge du foyer et une facilité à créer les contacts. Les mondes politiques et économiques parlent beaucoup actuellement de la parité hommes/femmes. De ce débat découlent des réflexions sur les valeurs masculines et féminines que chacun possède. Mike Burke, interviewé par Michelle Fitoussi pour le magazine *Elle*, évoque avec bonheur ces femmes qui savent aussi bien que les hommes être charismatiques et qui, pour autant, ne défendent pas forcément leurs idées de la même manière qu'eux. Ainsi, il nous dit : « Héritées du patriarcat, les valeurs masculines sont, entre autres, l'esprit de conquête, la compétition, la force mais aussi l'exclusion. Les valeurs féminines, au contraire, sont des valeurs larges, universelles : la compassion, l'empathie, l'ambiguïté, l'intuition. »

Il ajoute aussi que les femmes doivent créer « des réseaux d'influence puisque le pouvoir passe par là. Les femmes ont toujours été obligées de s'ériger en réseaux parce que, dans notre système de valeurs, elles sont des citoyennes de deuxième classe. Pour changer la société, elles doivent créer le maximum de réseaux dans la vie sociale, associative, dans le bénévolat et l'aide à autrui ».

Heureusement, il cite aussi, pour faire bonne mesure, des cas d'hommes charismatiques usant de valeurs féminines, notamment Gandhi « qui a appliqué des valeurs féminines de non-violence et de compassion. Finalement, il s'est retrouvé à la tête d'un empire ».

En créant des réseaux, les femmes, intuitivement, mettent en place une force avec laquelle il faut compter, force pour entendre ce qui se propage et prévenir, force pour panser les plaies provoquées par les combats ardus, force pour être consultées et donner un avis qui pèse dans les décisions prises, force pour représenter une part énorme de la population.

Cependant, les mères de famille viennent peu dans les réseaux associatifs qui imposent des réunions le soir : elles restent souvent submergées par la vie familiale. Elles ne se rendent disponibles que si le père des enfants est compréhensif ou si elles ont un fort tempérament.

Enfin, pour éviter qu'un réseau constitué uniquement de femmes s'apparente à un ghetto, il est indispensable de clarifier les objectifs de ce réseau. Les femmes ont souvent besoin de se regrouper lorsqu'elles travaillent dans un milieu majoritairement masculin et ressentent le besoin d'échanger sur la société, le relationnel au travail, etc.

Certains réseaux sont spécifiques aux femmes. Vous les identifierez aisément dans la liste précédente. Cette singularité étonne toujours une partie de la population, et les femmes sont lassées d'avoir à se justifier. En vrac, voici quelques commentaires désobligeants qu'elles entendent : « Pourquoi se collent-elles dans des ghettos ? », « Qu'ont-elles à cacher aux hommes ? », « Elles sont misogynes ? », « C'est bien la peine de parler de parité et de répartition des pouvoirs si c'est pour qu'elles s'isolent... », « Elles veulent porter la culotte, c'est ça... », « Elles se réunissent pour prendre le thé, rien de bien méchant, en somme... », « Toutes ces bonnes femmes ensemble, ça doit faire un de ces boucans ! », etc.

Quelques réponses à donner :

- Certaines femmes sont trop effacées pour s'exprimer seules et ont besoin de porte-parole féminins plus audacieux.

- Certaines femmes ont le sens de la solidarité et se sentent chargées de cette mission de parler au nom de toutes.

- Il reste des secteurs où la parité hommes/femmes est loin d'être acquise. Les femmes ont donc des places à prendre, or ces places sont convoitées par l'ensemble des Européens de notre Europe élargie. Elles ont donc besoin de se mettre en avant, de le dire et redire.

- Nous savons que subsistent des secteurs où les salaires des femmes sont inférieurs, à travail égal, aux salaires des hommes. Ce sujet-là mérite une mobilisation tous azimuts. C'est une vraie injustice.

- Les femmes qui ont des responsabilités sont souvent formidablement efficaces car elles veulent aussi préserver du temps pour leur famille, leurs enfants le cas échéant... Cette même efficacité, vous la retrouverez dans les réseaux.

- Quand elles créent un réseau féminin, les femmes aménagent souvent l'horaire des réunions de manière à pouvoir vivre correctement ces différents rythmes : vie professionnelle, vie familiale, vie sociale et vie personnelle.

- Il est des pays où la femme n'a pas sa place dans la vie économique ou politique, des pays où elle est assimilée à une « chose » ou à un « objet sexuel » valorisant ou dangereux pour la virilité des hommes, des pays où plus elle est soumise, plus elle est tolérée, des quartiers (même en France) où la jeune fille manque de liberté, etc. Pour ces femmes-là, il est bon que d'autres femmes parlent et s'affichent femmes de décision voire femmes de pouvoir.

- Enfin, faut-il vous rappeler quelques dates de l'Histoire française qui font peur tant ces acquis semblent récents et fragiles ?

  - 1907 : la loi autorise les femmes mariées à disposer de leur salaire.

  - 1938 : les femmes peuvent s'inscrire à l'Université sans l'autorisation de leur mari.

  - 1945 : les femmes françaises votent pour la première fois[1].

C'est une évidence : les femmes d'Europe ont des devoirs de parole pour préserver et améliorer l'avenir de leurs filles, de leurs nièces, de leurs voisines…

J'ai donc du respect pour ces réseaux féminins car c'est un moyen supplémentaire de faire évoluer notre société. De tout temps, le pouvoir éducatif des femmes a été reconnu comme crucial et, si c'est particulièrement vrai dans les pays défavorisés, cela reste vrai aussi dans notre pays favorisé. En respectant ces réseaux de femmes, j'agis pour ma fille, mes belles-filles et mes futures petites-filles.

Les Femmes françaises du bâtiment de la FFB

Voici un réseau de femmes dont j'accompagne la réflexion depuis 1988 : les Femmes françaises du bâtiment, adhérentes à la FFB (Fédération française du Bâtiment). C'est un exemple remarquable d'évolution de réseau.

---

1. Voir en bibliographie le livre *Et si les femmes réinventaient le travail*.

Depuis 1979, les réseaux de femmes existent à la FFB. En tant que consultant formateur, j'accompagne ces femmes dans leur parcours depuis environ dix ans. Je les aide à encadrer leurs équipes et à s'exprimer en public quand elles doivent témoigner de ce qu'elles entreprennent.

Je suis régulièrement bluffée par ces femmes du BTP. Elles sont très nombreuses à être, partout en France, impliquées dans ce réseau et sans doute en ai-je déjà rencontré plus de trois cents au fil de mes interventions dans les départements. Quand je les rencontre, je retrouve chez chacune d'elles des qualités essentielles qui touchent tous ceux qui les côtoient dans la vie professionnelle : elles sont tenaces, entières, exigeantes avec elles-mêmes, chaleureuses, fonceuses, candides, déterminées, spontanées, directes… J'arrête là, je ne voudrais pas affoler les hommes lecteurs mais il est utile de dire qu'elles sont tout cela sans pour autant en attendre des retombées financières ou honorifiques considérables… Elles sont comme cela avec simplicité pour se dépasser et pour faire progresser leur entreprise et leur région.

Pourtant, au départ, pour oser se former, pousser les portes, sortir des sentiers tracés, prendre une place dans un groupe de femmes constitué dans leur fédération départementale puis prendre le poste de déléguée d'un groupe de femmes, il faut du cran. Car elles ont toutes sortes de vie, toutes sortes de profil, toutes sortes de passé : les unes sont diplômées, les autres viennent d'un autre secteur d'activité, d'autres encore sont au départ des mères au foyer qui décident un jour d'épauler leur époux artisan, happé par son travail sur les chantiers, d'autres enfin ont repris l'entreprise familiale du père ou du beau-père, seule ou avec leur époux, leur frère, etc.

Leur entrée dans ce réseau répond souvent à un parcours intuitif d'abord, puis devenu nécessaire tant elles se rendent vite compte que ce réseau leur donne de l'énergie et une ouverture sur le monde, indispensables à l'entreprise et à elles-mêmes. D'ailleurs, leur réseau fut d'abord départemental puis national, et il devient maintenant international puisqu'elles ont su, avec simplicité, tisser des liens avec des femmes vivant ailleurs en Europe.

Ce réseau a d'abord été intuitif, puis expérimenté, épaulé, dynamisé ; il est maintenant entretenu, admiré, envié, copié. Grâce à lui, elles reçoivent un souffle et un regard nouveau sur l'entreprise ; ce cheminement passe par un travail sur soi, beaucoup d'humanité, du travail et de l'amour pour leur entreprise et les groupes avec lesquels elles évoluent.

Elles trouvent dans ce réseau un gain d'intérêt pour la profession, elles ont le sentiment qu'elles vont aussi y gagner de la considération et, indirectement, peut-être, un apport financier. Elles souhaitent, grâce à lui, changer quelque chose à leur vie : cela peut être des contacts, une meilleure qualité de travail, une formation, l'estime de l'entourage, des responsabilités accrues, etc.

Pour réussir ce réseau, elles s'appuient sur la Fédération qui apporte des moyens de communication modernes, des occasions de se retrouver, des idées fédératrices, d'autant plus qu'au départ, toutes ces femmes sont extrêmement différentes, nous l'avons vu : culture, langage, responsabilités, formations initiales ou en cours, statut (celui de conjoint collaborateur, salariée associée, chef d'entreprise, etc.)...

Elles sont conscientes que le difficile demeure « le long terme » : problèmes de disponibilité, d'éloignement, d'essoufflement de groupes qui existent depuis des années. Tâche ardue aussi de trouver de nouvelles adhérentes ou une nouvelle déléguée et de renouveler régulièrement les tranches d'âge.

Ainsi, entretenir ce réseau impose de motiver, de déléguer, de se ressourcer. C'est une tâche difficile car les responsables des groupes de femmes dans les départements n'ont pas de pouvoir hiérarchique sur les autres : il faut donc que la motivation se crée sans aucune promesse de gains financiers. Le chef d'entreprise vit quelque chose de proche lorsqu'il doit motiver son personnel sans pour autant pouvoir augmenter les salaires mais, là, le poids de la hiérarchie l'aide.

Pour motiver leurs groupes, les femmes ont réalisé qu'elles doivent communiquer davantage, faire état de leur travail et mieux se faire connaître. Elles ont pensé à un logo commun qui dépasserait les régions, ferait parler d'elles, les rendrait reconnaissables à l'intérieur du réseau et à l'extérieur. Elles ont imaginé la création de cartes de visite et de cartes de correspondance pour communiquer dans le groupe, entre les groupes et avec les organismes internes et externes à la profession. Pour elles, un réseau fort va avec une identité forte car elles sont en recherche de reconnaissance et de considération. Elles sont pressées d'harmoniser leur communication parce qu'elles souhaitent que les retombées de ces messages soient intenses : elles doivent donc poursuivre leur démarche unificatrice et possèdent déjà leur site, concocté par la FFB.

Elles se forment ou se sont formées, avec la FFB, soit par le biais des formations collectives telles que celles proposées dans le *Guide chamois* (guide leur permettant de mieux animer leurs groupes), soit avec le BCCEA (Brevet du conjoint du chef de l'entreprise artisanale), soit encore grâce aux formations AIMS (programme européen de formation) avec, par exemple, des bilans individuels de formation et des échanges de savoir…

Elles ont parfois créé pour leur groupe des règlements intérieurs minimum, et même instauré le paiement de cotisations. Elles se sont rendu compte que le fait de payer un peu permet de se sentir adhérent et partie prenante du groupe : cela évite de rester consommateur, cela force à s'impliquer dans la démarche des choix et dans l'attente des résultats, et cela donne envie d'avoir un projet à mener ensemble, pour le groupe.

Pour elles, un réseau est un organisme vivant qu'il faut alimenter. Pour cela, elles veillent à avoir un projet qui s'appuie sur les recherches d'informations, d'efficacité, d'aides, de savoir et sur une recherche de reconnaissance des hommes du bâtiment.

Elles ont souhaité apprendre aux femmes à repérer ce en quoi chacune d'elles est douée, à leur donner confiance en elles, et offrir à chacune un bilan individuel… Elles se sont aperçues que pour bien déléguer, il faut pouvoir déléguer ce qui donnera des satisfactions à l'autre et non pas seulement ce que soi-même on n'aime pas faire !

Un réseau devient puissant s'il est reconnu ; elles veulent donc être de plus en plus nombreuses… Car tout se passe comme dans une association de gens bénévoles : quand il y a beaucoup de monde, c'est facile de continuer à travailler, d'agrandir le réseau et de se passer la main ; en revanche, quand il y a peu de personnes, le réseau s'essouffle car les responsabilités sont réparties sur trop peu de têtes.

Il faut un centralisateur, un point commun, un point de repère : pour elles toutes, la FFB est le pilier qui aide à tout moment l'évolution de ces groupes. Entre elles et les permanents de la FFB s'est construit un duo gagnant malgré les différences individuelles d'attitude et d'appartenance.

Vous auriez eu le droit de douter de leurs capacités à étendre leur réseau au niveau international : la langue, les différences culturelles, l'éloignement, les différences de statut d'un pays à l'autre… Cependant, rien ne les a arrêtées : Internet qui a fait peur à plein de gens, et c'est normal, leur a paru rapidement utile ! Parler avec des femmes dont on ne maîtrise pas tout à fait la langue ? On se débrouille toujours ! De ces échanges est même née l'idée de modifier les législations pour harmoniser les statuts d'un pays à l'autre, en l'occurrence entre la France et la Belgique.

À l'heure actuelle où tout devient réseau, c'est drôlement agréable de voir que les femmes du bâtiment ont attrapé le train en marche et qu'elles sont modernes quelle que soit leur formation passée.

Les médias ont pris conscience de ce qui se passe avec ces femmes et, si elles savent parler d'elles et de leur réseau, la partie est gagnée. Ainsi, l'une d'elles a expliqué que les journalistes sont à la recherche de messages forts sur ce réseau et qu'il faut répondre dans l'ordre à des questions-clés : le « qui », le « quoi », le « quand », le « où ». Le « comment » vient en dernier car cela reste le plus difficile à traiter pour le journaliste. Alors, même si pour ces femmes le plus important est de préparer le « pourquoi » (Pourquoi souhaitent-elles passer à la télévision ? Quel message veulent-elles faire passer ?), elles devront inverser la présentation des messages pour commencer par ce qui est primordial pour le journaliste. Il leur faut donc bousculer leur raisonnement tout en restant en adéquation avec leurs propres convictions. Fatalement, être médiatisé est une prise de risque et le résultat peut être différent de ce qui était escompté.

Les femmes ont sauté à pieds joints dans ces modes de communication modernes. Ont-elles aisément réussi cela parce que, de la Préhistoire à aujourd'hui, la communication a traditionnellement été à la charge des femmes ? Peut-être bien : communication, éducation, deux sujets assez proches…

Les femmes du bâtiment sont devenues les porte-parole des hommes qui ont fort à faire sur les chantiers. Ces derniers ont eu la chance d'avoir ainsi des émissaires qui font un travail de communication sur le bâtiment là où cette communication est nécessaire.

Fini le temps où les gens du métier surveillaient un éventuel essoufflement du réseau ou un faux-pas de ces femmes. Déjà elles ont franchi les premières marches, maintenant elles visent les sommets et y vont d'un bon pied. Vous connaissez l'adage : « ce que femme veut… »

Quelques réseaux de femmes

Citons encore :

- les European professional women network ;
- les Business and professional women (BPW) qui réfléchissent ensemble à des grands sujets de société ;
- la loge franc-maçonnique féminine ;
- l'Annuaire au féminin ;
- Feminad, l'association de femmes hauts fonctionnaires ;
- l'association Femmes leaders, créée par Nicole Barbin ;
- l'association Dirigeantes ;
- Femmes 3000 ;

La plupart de ces réseaux de femmes s'impliquent ou suivent de près ce qui se prépare pour le Forum international des femmes.

Du réseau local au réseau international

La plupart des réseaux formels (classés dans les 3F) que vous allez intégrer ont des portes d'entrée locales mais vous font intégrer des réseaux internationaux. Rappelons-en quelques-uns à titre d'exemple : le Lions, le BPW, les réseaux du Web bien sûr, et les réseaux d'influence que vous trouvez dans les entreprises multinationales.

Pour illustrer cette évidence, voici quelques exemples :

Le cabinet de recrutement Michael Page

Précisions données par Charles-Henri Dumon, PDG de Michael Page France :

« De plus en plus les multinationales ont une politique de recrutement international. Des entreprises comme Coca-Cola utilisent Michael Page à Sydney et souhaitent que les méthodes de recrutement, la qualité des consultants, et l'utilisation d'un fichier de plusieurs milliers de noms soient semblables à Sao Paulo. Par exemple, nous recrutons actuellement environ trois cents jobs pour une grosse multinationale dans l'agroalimentaire pour l'Europe. Nous avons passé des heures et des heures à définir des profils et à comprendre la culture de l'entreprise parce que lorsque cette entreprise recrutera un Espagnol, un Italien, un Français, elle recrutera toujours le même type de profil : des gens ouverts, internationaux, « punchy », désireux de s'investir...

« Le réseau international est très demandé car nos entreprises clientes sont souvent, elles aussi, à l'international. Si nous recrutons pour Carrefour en France, nous recruterons aussi pour Carrefour à Sao Paulo. De plus, comme les gens voyagent, lorsqu'ils sont nommés en poste à l'étranger, ils deviennent à leur tour nos clients. »

Le réseau ATTAC (Association pour la taxation des transactions pour l'aide aux citoyens)

Ce réseau mondial comporte 30 000 adhérents en France et 6 000 en Suède ou en Espagne.

Le réseau Resafad

Resafad est un autre exemple de réseau qui, lui, nous fait sortir de nos frontières grâce au ministère des Affaires Étrangères : il s'agit du réseau africain de formation à distance. Resafad possède son site où vous pouvez aller fureter : www.resafad.net ou www.edusud.org.

Les actions engagées par ce réseau sont : la formation des directeurs d'école et de « personnes ressources », l'extension de Resafad à de nouveaux pays, le soutien à l'introduction des NTIC[1] dans l'administration, le pilotage des systèmes éducatifs, etc.

Voici quelques-uns des pays où Resafad est déjà implanté : le Togo, le Burkina Faso, Madagascar, le Sénégal...

L'université du Mans travaille sur les contenus de certaines des formations diplômantes accompagnées par Internet.

Les réseaux internationaux de l'Empire du milieu

Voici un autre témoignage très instructif, celui de Laure Mellerio (voir page 19) :

« Dans les années soixante-dix, quand je suis revenue en Chine, c'était la langue de bois. Les Chinois se méfiaient des étrangers, ils n'avaient pas le droit de les recevoir chez eux ; tout contact passait par un intermédiaire qui filtrait les informations. De telle sorte qu'il n'était pas prévu qu'un étranger sorte du programme des contacts organisés pour lui : nous étions cantonnés aux deux ou trois personnes déléguées et à l'interprète prévu pour notre accueil. Les diplomates vivaient la même chose avec des entretiens très formels, très codifiés. Il y avait donc un réseau professionnel apparent, incontournable.

« Lorsqu'en 1979, la Chine s'est ouverte au monde extérieur, nous avons vu apparaître des dirigeants chinois dont on disait qu'ils étaient enfant ou neveu de tel ou tel vétéran de la Longue Marche. Ce fut l'émergence de réseaux politiques, à l'image d'autres réseaux souterrains, anciens et actifs. A Paris, par exemple, il y avait un jeune homme qui représentait une organisation chinoise créée pour être l'intermédiaire entre la Chine et l'étranger dans le domaine des investissements. Nombreux étaient ceux qui savaient que ce jeune homme était le fils du ministre du Commerce Extérieur chinois de l'époque : cela se savait mais cela

---

1. Nouvelles technologies de l'information et de la communication

ne se disait pas et, en tout cas, cela ne devait pas s'écrire. Les fils de notables et de grands dignitaires chinois étaient tout à fait bien considérés, mais il était hors de question d'en faire état parce qu'on vivait encore à l'époque du communisme pur et dur, du « pouvoir aux masses populaires ». En revanche, tout le monde savait qu'il y avait des privilégiés et que, par exemple, le fils de Untel pouvait tout se permettre dans la province dont son père était gouverneur. Ce n'était d'ailleurs pas quelque chose de négatif, seulement les gens étaient très prudents par rapport à ça.

« Depuis, ces réseaux se sont énormément développés et nous avons même, peu à peu, vu certains de nos interlocuteurs se recommander de telle personne, par exemple de Deng Xiao Ping ou de ses enfants, en affirmant avoir été en classe avec lui ou avec eux. Le *name droping* a commencé à s'intensifier en Chine et de manière un peu anarchique. Puis nous nous sommes aperçus de la complexité et de la vitalité de ces réseaux, alors que nous avions cru que tout avait été mis à plat et que plus rien n'existait dans ce domaine. En très peu de temps, tout cela s'est réactivé.

« Pour illustrer ce phénomène, citons l'exemple du gouverneur d'une province en Chine qui parle très bien anglais et a toute une équipe qui s'occupe de sa communication ; il est manifestement puissant et il est le fils d'un des proches de Mao. Les gouverneurs des trente provinces chinoises sont très souvent des enfants de la nomenclature. Ils ont un bon carnet d'adresses qui est celui de leur famille. Ce sont des fils de familles sorties du régime communiste, mais d'autres réseaux que ceux du communisme en place ont continué d'exister de manière souterraine. L'ancienne aristocratie chinoise a été décimée. Cependant, tous ceux qui ont pu s'enfuir à Taiwan, aux États-unis ou en Europe sont restés très proches de leurs origines et, pendant toute la durée de la révolution culturelle, ils ont permis à la partie de la famille restée sur le territoire chinois de vivre mieux en lui envoyant de l'argent.

« Ainsi, la deuxième connexion qui reste forte en Chine est la connexion familiale. La famille chinoise est en soi une organisation autour de laquelle toute la société est articulée.

« Dans la tradition confucéenne, les relations entre le prince et son sujet, le père et son fils, le mari et sa femme, etc. sont le fondement de l'organisation sociale. L'autorité du père sur ses fils s'assimile à celle du prince sur ses sujets avec toutes les connexions et les ramifications que l'on peut imaginer. De même, dans la famille chinoise traditionnelle, il existe des termes différents pour désigner l'oncle paternel et l'oncle maternel. Le frère aîné ne porte pas le même nom que le frère cadet, etc. Ces adjectifs qui désignent le rang de naissance sont plus importants que le mot désignant le lien de parenté comme *frère* ou *sœur*. Ainsi, cette hiérarchie sociale ou familiale a été complètement « labourée » par le maoïsme et la révolution culturelle, mais elle existe en arrière-plan. En effet, un Chinois parti à l'étranger, qui y a réussi (et a évité de revenir en Chine au mauvais moment), a gardé le devoir d'aider les membres de sa famille restés en Chine. Cela a donné lieu à des réseaux internationaux puissants. Prenons l'exemple des frères Tang qui ont remarquablement réussi dans le commerce de produits exotiques. Ce ne sont pas des aristocrates mais cette famille, en bonne famille chinoise, a installé un fils ou deux en France avec des connexions en Thaïlande et en Australie grâce à deux autres fils installés là-bas. Ainsi, ils ont réussi à bâtir un réseau commercial fort, basé à Paris dans le XIIIᵉ arrondissement. Et ils représentent non seulement une famille mais aussi une minorité chinoise, les Chaozhou. Les Chinois se sentent toujours issus d'une famille précise, que ce soit la leur ou bien la grande famille que représente le village, la région, ou la province, et tout cela suppose des engagements et des devoirs. Ceci dit, ils se sentent liés à une région donnée, mais pas à celle d'à côté.

« Dès l'école, les enfants chinois sont imprégnés de cette importance du réseau. D'abord, ils ont été inscrits à l'école s'ils étaient d'une « bonne origine » ou si leur famille avait des appuis. Ensuite ils y vont pour représenter leur groupe social et développer de nouveaux réseaux. Ils se sentent très tôt investis de cette mission. Je pense que si la dépression est une maladie assez peu répandue en Chine, c'est parce que les Chinois ont toujours un rôle qui dépasse l'individu. Ils ne sont pas censés se développer individuellement ; leur évolution renvoie toujours au groupe. S'ils étudient une langue étrangère, ce n'est pas obligatoirement de leur fait. Le choix de la langue se fait en fonction de leur capacité à l'apprendre, mais aussi parce que le système va tenir compte d'une répartition des potentiels du groupe. C'est ainsi que l'un apprend le français, l'autre l'anglais, un troisième une autre langue… Il n'y a pas de choix personnel mais une décision prise pour une collectivité qui cherche à bâtir des ramifications dans différents pays.

« Les Chinois sont rarement livrés à eux-mêmes. Et quand un Chinois arrive en France, on peut l'entendre dire : « Ma famille m'a chargé de trouver des entreprises qui pourraient investir dans ma province. » Les Chinois se sentent investis d'une mission collective et ils n'ont pas à se prononcer à titre individuel. Partout, ils recréent des réseaux et des sociétés bien structurés avec, par exemple, leurs avocats chinois qui, eux aussi, ont la mission de défendre – même gratuitement – le groupe auquel ils appartiennent. Être Chinois, c'est faire partie d'un réseau, d'une famille, d'un quartier, d'un village, d'une région, d'un lignage. Et le communisme a repris cette forme d'organisation avec le *danwei* qui veut dire l'unité de travail. Jamais le communisme n'aurait pu se répandre en Chine comme il l'a fait, s'il n'avait pas intégré ce qui existait déjà, c'est-à-dire une organisation par quartier, par secteur, par village avec sa hiérarchie et ses réseaux. Tout cela existait bien avant l'arrivée de Mao au pouvoir. Du temps des empereurs, la démarche était la même. Chacun est responsable à son niveau de l'ensemble, et cela fonctionne. L'unité de travail, c'est toujours la règle. Mais si chaque Chinois naît dans une unité de travail, il y reste attaché pour la vie : c'est aussi important pour lui que sa famille. Et s'il veut s'expatrier ou s'installer dans une autre région de Chine, il doit en demander l'autorisation. Chaque Chinois est donc obligé de se considérer comme une unité intégrée à un groupe.

« J'ai commencé à aller en Chine en 1977 pour l'ACTIM (Agence pour la coopération technique industrielle et économique) puis j'y suis retournée ensuite chaque année. Lorsque je suis entrée au Comité France-Chine en 1985, j'avais conscience que les jeunes Chinois qui poursuivaient des études en France auraient sans doute un jour des responsabilités importantes dans leur pays. Donc, sans parler pour autant de fichier, c'était important de rester en relation avec eux. Et eux venaient spontanément au Comité France-Chine, sachant qu'ils seraient ainsi en contact avec des entreprises françaises souhaitant investir en Chine. Je les ai régulièrement revus et j'ai surtout gardé avec eux une relation amicale qui me permet de continuer à m'appuyer sur eux pour comprendre l'évolution de leur pays. »

Un vent de nouveautés sur l'Europe : le virage du XXIe siècle

Aujourd'hui tout s'accélère en Europe. La pression sur les personnes ayant un emploi est forte. L'Europe et ses réseaux ont besoin d'énergie, d'envies, de forces tournées vers le futur. Certains pays de l'Est n'en sont pas, comme en France, à se soucier de préserver leurs acquis mais plutôt à améliorer leur niveau de vie au plus vite. Et les idées appellent les idées. Les projets d'avenir vont donc se déplacer vers ceux qui les sollicitent. En France, il devient périlleux de ne réfléchir qu'à l'échelle nationale. L'enjeu est mondial ; nous voici comparés en permanence à une Asie qui prend son envol et à une Amérique qui revêt un nouveau visage, plus métissée et variée que dans le siècle précédent. L'Amérique du Nord fait du *networking* avec ses étudiants étrangers depuis des lustres. Depuis des siècles, tous ces gens venus d'ailleurs ont tissé de nouveaux réseaux entre différents pays et la technique est rôdée : en Amérique du Nord, on sait repérer et faire grandir ceux qui ont « l'Envie d'entreprendre ».

En France, l'état d'esprit est plutôt, en permanence, à préserver ses acquis et le bénéfice du système. Nous raisonnons « sécurité ». Normal, dans un pays où « créer sa boîte » est synonyme de « prendre des risques inconsidérés ». La vie en France peut être si douce et si confortable : c'est une réalité que bien des étrangers nous envient.

Alors, l'économie française stagne. La majorité des pointeurs aux Assedic se mine le moral, les salariés cherchent à garder leurs postes même sans conviction, et les plus audacieux quittent le territoire pour « filer » travailler à l'étranger. Comme, en plus, l'apprentissage des langues étrangères est resté longtemps le parent pauvre de notre éducation, nous restons timides dans la découverte des cultures étrangères.

Dans les entreprises, le rythme des 35 heures a densifié les créneaux horaires où chacun est à son poste : tout le monde a repéré que les jours de concertation maximum sont les mardis et les jeudis. En effet, le lundi, certains s'alignent sur leurs conjoints travaillant dans le commerce : il y a donc moins de monde au travail. Le mercredi, beaucoup de femmes et quelques hommes tiennent bon pour avoir du temps libre et prendre le relais des nourrices, crèches et écoles afin de s'occuper davantage des enfants. Le sacro-saint vendredi signe le départ en week-end des « étouffés du bitume ». Alors, le mardi et le jeudi sont des jours de folie et de pression ! Tous à vos postes : branle-bas de combat, coups de téléphone et réunionnites aiguës. La France prend ainsi le risque de ne se concerter que deux jours par semaine : c'est confortable, grassement payé et totalement atypique dans un monde qui court sous la pression des nouvelles technologies, et où les plus acharnés sont prêts à travailler jour et nuit, 7 jours sur 7. Il est d'ailleurs inutile d'aller bien loin en Europe pour trouver des commerces ouverts le dimanche : c'est le cas en Angleterre, au Portugal…

Ce monde-là est oppressant aussi pour ceux qui sont *out* : les jeunes et les quinquas à qui l'on fait comprendre que le monde peut tourner sans eux.

Au même moment, les connexions informatiques font faire des prouesses aux entreprises : celles-ci délocalisent au maximum et tissent des réseaux avec des pays où la main d'œuvre se jette sur ce travail à distance, nouvelle manne pour pays en difficulté. Alors, tout s'accélère : la demande, la réponse, les connexions réseaux, les alliances, les mésalliances, les fusions et les scissions brutales. Et l'homme prend le risque de perdre de vue son âme, son cap, son savoir… Un monde en réseaux, sous pression, où disjonctent immanquablement certains individus ou pays.

Les réseaux piégés

Malheureusement, il existe aussi des réseaux illégaux ou mafieux ; en voici quelques-uns qui sont, pour moi, hors sujet :

- la mafia,
- les sectes,

42

- les sociétés secrètes,

- les terroristes…

Ces types de réseaux, même s'ils sont hors sujet, « grouillent » peut-être autour de vous. Le danger existe car les réseaux mafieux vivent cachés, et ils peuvent tenter de se développer grâce à vous et vos relations, sous votre nez, à votre insu. Soyez vigilants : les gens malhonnêtes ou mal intentionnés peuvent chercher à vous amadouer pour vous utiliser ou utiliser votre carnet d'adresses, ce qui n'est pas plus rassurant.

Un avocat m'a expliqué que les hommes politiques connaissent bien ça : les gens malhonnêtes aux desseins peu avouables, bâtisseurs de réseaux subversifs, font en sorte de serrer la main des hommes politiques au bon moment, par exemple en public ou en présence d'une caméra. L'objectif est atteint : ils se crédibilisent auprès des gens qu'ils vont arnaquer ou enrôler, et se fabriquent une image sociale qui les grandit (croient-ils !) et les protège.

Enfin, voici quelques réseaux qui ne vous feront peut-être pas perdre votre âme mais au minimum votre temps. Je leur ai donné des petits noms légers :

Gare au réseau Abeille : comment éviter d'être l'initiateur de mini-réseaux et de se retrouver seul

Constance, présence, écoute, acharnement à se faire connaître et reconnaître, travail et butinage incessants, mille pistes en cours… et pourtant, en même temps, garder en tête son itinéraire passé, présent, futur, garder au cœur sa propre cohérence, celle qui fait que nous sommes chacun unique au centre de notre réseau, irriguant l'ensemble et recevant en retour un fluide revivifié, dynamisé.

La pugnacité et la logique de notre démarche nous aident à dépasser le cap des premiers contacts, nous forcent à approfondir les relations ébauchées, à zapper dans nos domaines d'intervention tout en recréant à chaque fois le lien entre tous ces maillons. Car tous les contacts que nous prenons sont en permanence des points d'ancrage nouveaux pour notre réseau : à nous d'en tisser les liens à chaque fois sans nous démonter. C'est là où nous devons nous montrer généreux et être le point de ralliement entre ces maillons qui sont inconnus les uns des autres.

Vous devrez couper certaines ramifications de votre réseau si vous butinez partout sans retour sur investissement.

Le réseau Pin-pon

J'ai eu l'occasion lors d'une de mes formations de rencontrer un couple d'experts-comptables très sympathiques. Ils sont venus à cette formation sur le thème de la gestion du temps pour trouver ensemble des solutions à partager.

Je pense qu'ils avaient tous deux une soixantaine d'années. Je les ai trouvés physiquement fatigués… mauvaise mine, vraiment. Ils nous ont expliqué qu'ils étaient débordés et dans l'impossibilité de prendre des vacances. En quatre ans, ils n'avaient fermé le cabinet que trois jours consécutifs l'année précédente. Nous étions tellement surpris que nous avons demandé quelques explications. Ils nous ont alors exposé les raisons d'un tel rythme : ils travaillaient seuls tous les deux et, par peur de mécontenter puis de perdre leurs clients, le cabinet était toujours ouvert.

Je leur ai demandé pourquoi ils n'avaient pas pris un associé supplémentaire ou embauché quelqu'un : ils ont expliqué qu'ils craignaient de perdre du temps et de l'argent, qu'ils avaient toujours redouté d'être escroqués. Alors, ils avaient opté pour cette formule de travail à deux.

Ce couple, cependant, était venu en formation parce que leur vie devenait vraiment difficile et l'activité semblait même baisser. Leur retraite future les inquiétait. Comment mieux gérer son temps et son énergie ?

La solution : le réseau. S'ils avaient tenté de travailler en réseau déjà depuis quelques années, ils n'en seraient pas là. Maintenant, il leur faut commencer en urgence à « ouvrir leurs antennes » et à regarder qui, autour d'eux, mérite leur confiance. Comment continuer sans s'épuiser, sans vacances, sans bouffée d'air physique et intellectuelle ? Déléguer une partie de son travail à quelqu'un d'autre, c'est s'offrir ces deux bouffées d'air : entendre une voix différente, accepter une façon nouvelle de travailler, donner bien sûr mais aussi recevoir de l'autre. Ce ne sont pas que des contraintes qui arrivent avec cette nouveauté.

Si vous vous épuisez en heures de présence, si vos clients vous sentent fatigués ou en perte de vitesse, ils vont aller ailleurs. Ils veulent sentir que vous avez à la fois l'expérience du métier et l'appétit pour les nouveautés.

C'est compréhensible mais regrettable d'avoir peur d'arrêter, de se ressourcer, de faire appel à des plus jeunes, de partager un savoir acquis sur le terrain mais aussi des projets nouveaux avec des professionnels plus jeunes. Regrettable encore d'avoir si peur du lendemain, si peur d'une perte de bénéfice. Mais quel est le projet de vie ? Pourquoi en faisons-nous trop parfois ? Que cherchons-nous à créer ou à bâtir ? Passer la main, compter sur autrui, est-ce si difficile ?

Une communauté apporte de l'effervescence, de l'innovation : un réseau bâti sans urgence, tranquillement, au fil du temps et des rencontres, peut se faire avec l'association de compétences, le respect et le partage de la déontologie du métier, des regards tournés dans la même direction, de l'énergie préservée et renouvelée. En revanche, le réseau que l'on bâtit dans l'urgence parce qu'on n'en peut plus, que l'on tombe malade, n'a pas d'identité et s'assimile à un jeton fringant qui remplace un jeton usé ! Il est indispensable de toujours anticiper, et surtout quand tout va bien !

Y a-t-il un risque de réseau Sangsue ?

C'est une question posée un jour par une journaliste. Oui, malheureusement, il y a un risque de réseau « Sangsue », notamment avec ces réseaux sans le sou ou sans projets qui vous sollicitent tout le temps parce que, sans vous – paraît-il – rien ne fonctionne !

Il faut beaucoup de flair ou d'intuition pour différencier le réseau débutant, auquel on croit et qui vous sollicite bénévolement, du réseau dans lequel vous perdrez temps, énergie et argent si vous vous entêtez.

Mon principe : aller vers de nouveaux horizons l'esprit ouvert. Donner mon temps, bénévolement s'il le faut, tout en ayant dans un coin de la tête le prix que je coûte normalement à l'heure. Cela me permet d'être consciente et heureuse de l'offrir parfois, tout en ayant à l'esprit que la norme, c'est d'être payée pour ce que l'on apporte. J'investis de préférence sur des réseaux où le bouche à oreille sera fort. Toute prestation peut « faire des petits », même si c'est dans un délai de un ou deux ans.

Si je devine qu'à moyen terme, le projet de réseau ne donnera rien, j'investis mon temps ailleurs et j'explique en souriant et avec courtoisie que j'ai d'autres priorités. Cependant, comme je souhaite rester positive et attentive aux gens qui m'ont sollicitée, je reste en contact dans les moments-clés de l'année : les vœux, les salons professionnels, etc.

En vérité, j'ai rarement eu l'impression d'être envahie par ce fameux réseau Sangsue évoqué par cette journaliste. Je développe tellement l'écoute que cela m'aide beaucoup à anticiper et j'ai quelques bons principes qui me font du bien :

- ce qui est donné est donné ;
- il faut être pleinement à ce que l'on fait au moment où on le fait ;
- ce qui compte le plus, c'est demain.

Gare au réseau Papillon

J'appelle un réseau Papillon celui qui part dans tous les sens, qui est trop diffus, trop lourd, sans identité, constitué du tout-venant, sans éthique, sans morale, trop commercial, sans estime établie entre les différents maillons, celui aussi que l'on oublie de renouveler, etc. Ce réseau-là est voué à l'échec, il devient kamikaze car personne ne peut en tenir les rênes : il est ingérable.

Étape/Test : Avez-vous un potentiel « réseau » ?

	Oui	Non
1. Etes-vous en bons termes avec votre famille ? Combien de personnes, précisément ? Plus de 10 ?		
2. Pensez-vous pouvoir compter sur le soutien moral ou la présence de certains proches si, demain, vous vous cassez la jambe ?		
3. Un voisin s'inquiétera-t-il pour vous s'il ne vous voit pas passer devant chez lui avec la régularité usuelle ?		
4. Recevez-vous un appel téléphonique, un mail ou une lettre au minimum tous les 2 jours ?		
5. Etes -vous adhérent à une société sportive, caritative ou autre ?		
6. Allez-vous de temps en temps dans votre mairie pour connaître les services qui vous sont offerts ?		
7. Si, demain, vous vivez un changement violent dans votre vie, aurez-vous au moins deux personnes fiables capables de vous écouter, voire de vous aider ?		
8. Lorsque vous êtes en déplacement, avez-vous envie de parler un peu de la région aux commerçants que vous côtoyez ?		

Solution

Si vous avez répondu « Oui » à toutes les questions, vous possédez déjà le réseau que chacun doit entretenir : la famille, les amis, les voisins et une association dans laquelle il est doux, parfois, d'être attendu ou reconnu.

Si vous avez une majorité de « Non », il est temps de vous remettre en cause et d'offrir, autour de vous, une meilleure image. Allez vers les autres : vous vous rendrez compte que cela fait du bien.

2.

Trois fils de trames pour un beau tissage

Trois fils de trames sont incontournables pour créer un beau tissage. Pour que votre réseau soit sain et prospère, sachez parler de vous et de vos projets, clarifiez vos objectifs pour vous-même et pour vos proches, énoncez les valeurs auxquelles vous tenez et prenez le temps de vérifier qui les partage avec vous.

Savoir parler de soi et de ses projets

> *« Celui qui se connaît est seul maître de soi. »* (Ronsard.)

Savez-vous parler de vous ?

Un réseau relationnel ne prend corps que grâce à ses maillons, et vous êtes le maillon en or de votre propre réseau. Or, pour que ce maillage tienne la route, il paraît indispensable que vous vous connaissiez et que vous sachiez bien parler de vous... sans ennuyer l'auditoire.

Pendant mes formations, je constate souvent la difficulté que les gens éprouvent à parler d'eux : la timidité, la gêne à l'idée de se mettre en scène, la peur d'ennuyer ou d'avoir l'air prétentieux, le sentiment que c'est trop difficile à synthétiser, l'émotion...

bref, mille raisons pour formuler un bredouillage. Pourtant, chacun devrait avoir conscience qu'il est le meilleur vendeur potentiel de son activité ou de ses qualités. Le questionnaire en fin de chapitre vous aidera à diagnostiquer ce que vous êtes capable de dire de vous. Plus loin, vous découvrirez ce qu'il serait judicieux de mettre en place dans votre communication et comment la réussir.

Les questions que je vais vous poser surprennent quelquefois de prime abord. Cependant, nous les poser de temps en temps nous permet de prendre la mesure de ce que nous avons accompli. La vie nous change, nous force à évoluer. Ainsi, cette courte et fréquente remise à jour de nous-mêmes nous entraîne à franchir plus aisément la marche qui s'annonce. Cette « réactualisation » permanente nous permet de nous connaître mieux, d'identifier plus aisément le parcours accompli et de parler de nous-mêmes avec davantage de lucidité et d'aisance.

Car pour que d'autres aient envie d'intégrer votre réseau relationnel, ou pour qu'ils vous intègrent dans le leur, il leur faut comprendre aisément ce que vous faites actuellement, quelle est votre expérience et quels sont vos projets. Si vous vous « vendez » mal, si vous oubliez certaines facettes de votre personnalité, si vous mentez, l'impression devient floue et votre entourage ne vous identifie pas. Il parle alors à son tour peu ou mal de vous, donc ne vous recommande pas ou vous oublie carrément. Dommage, non ?

Communiquer...

Voici quelques grandes idées incontournables à propos de la communication : vous les trouverez illustrées dans les deux dessins suivants.

J'ai conçu ce dessin en m'inspirant des théories de Jakobson. Je l'ai ébauché une première fois dans mon livre *Former et se former* aux Éditions Top.

Vous voyez que le message est au centre et qu'il peut varier. Pour passer de l'émetteur au récepteur et vice versa, ce message doit traverser une barrière de « bruits ». Nous appelons bruits, en matière de communication, tout ce qui vient perturber la bonne

Bruits | Bruits

Émetteur ⟶ **MESSAGE** ⟶ **Récepteur**

Cadre de référence perception 5 sens | voix/air

support écrit

gestes

=

CANAUX | Cadre de référence perception 5 sens

Bruits | Bruits

sons
gênes diverses
fatigue (horaire, confort...) | sons
gênes diverses
fatigue (horaire, confort...)

⟶ Nécessité d'avoir recours à l'empathie, à la redondance, au « feed-back » (= le retour d'informations).

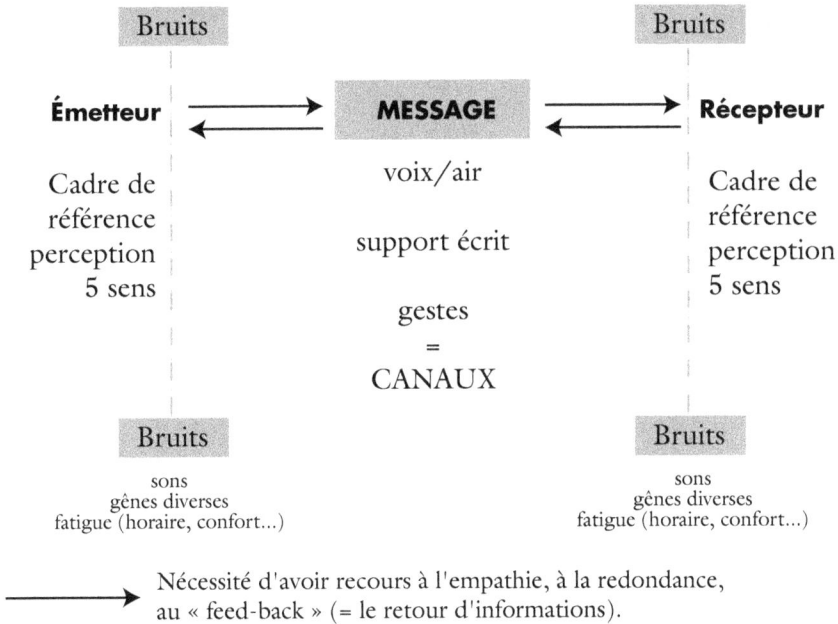

compréhension du message. Cela peut être les bruits effectifs extérieurs à chacun – marteau-piqueur, voiture qui passe, personne qui éternue, etc. – mais également tout autre bruit, plus difficile à repérer pour les deux communicants – gênes diverses telles que l'envie de fumer une cigarette, l'inconfort sur une chaise, la faim qui tenaille, la fatigue, etc. De chaque côté de cette barrière de bruits sont identifiables l'émetteur et le récepteur : chacun a son mode de perception prioritaire et son cadre de référence. Ainsi, de nombreux messages sont déformés du fait de ce cadre de référence : le sens d'un mot pour l'un n'est pas le même pour l'autre, ce qui paraît intolérable à l'un ne l'est pas pour l'autre, etc.

Pour passer de l'un à l'autre, le message utilise un canal ou parfois plusieurs à la fois. Il est prudent de prendre le temps de choisir le bon canal : une information sera mieux perçue, dans certains cas, si elle est écrite, dans d'autres, si elle est dite. Parfois, vous allez opter pour une affiche, or il faudrait une lettre. Parfois encore, vous allez réfléchir des heures au mot juste que vous allez employer à l'oral pour exprimer votre pensée et pourtant, votre mimique, votre attitude ou vos gestes vont dénigrer les mots employés… et un schéma aurait été préférable !

Bref, communiquer est un art difficile. Pour le rendre plus aisé, voici trois conseils : pratiquez l'empathie, la redondance et l'appel au *feed-back*. Parlons-en :

L'empathie : l'empathie est la capacité que vous avez à vous mettre à la place de l'autre et à ressentir ce qu'il ressent. Un formateur fait preuve d'empathie quand il se rend compte que les idées de réorganisation du travail qu'il propose affolent certains participants, qu'un individu supporte mal les interventions d'un autre, etc. Ainsi vous connaissez déjà bien la sympathie, sans doute aussi malheureusement l'antipathie, il vous reste maintenant à donner ce nom d'empathie à une autre forme de sentiment.

La redondance : pour qu'une communication passe bien, il est utile de pratiquer la redondance, c'est-à-dire la répétition sous différentes formes de l'information-clé. L'idéal est même de reformuler cette idée trois fois, sous des formes différentes : un titre, une théorie, et un cas pratique par exemple.

L'appel au *feed-back* : lorsque vous avez émis un message, vous devez toujours solliciter l'autre afin de savoir comment il vous a compris. Si vous faites en sorte que l'autre reformule ce que vous lui avez transmis, vous avez provoqué ce « retour d'informations » et cela vous permet d'instaurer une bonne relation de communication. Si vous lui demandez succinctement « Vous m'avez bien compris ? », cela devient difficile pour l'autre d'affirmer autre chose que « Oui » et pourtant, peut-être qu'il aurait besoin d'explications supplémentaires. Si vous lui demandez « Ai-je été clair ?, Me suis-je bien fait comprendre ? », vous prenez en compte le fait que votre émission de message a pu être imparfaite, vous en avez donc la responsabilité, voire la culpabilité, et l'autre peut plus aisément vous répondre « Non… ». Il ne devient pas le seul responsable de son incompréhension.

Communiquer un message, oui ! mais...

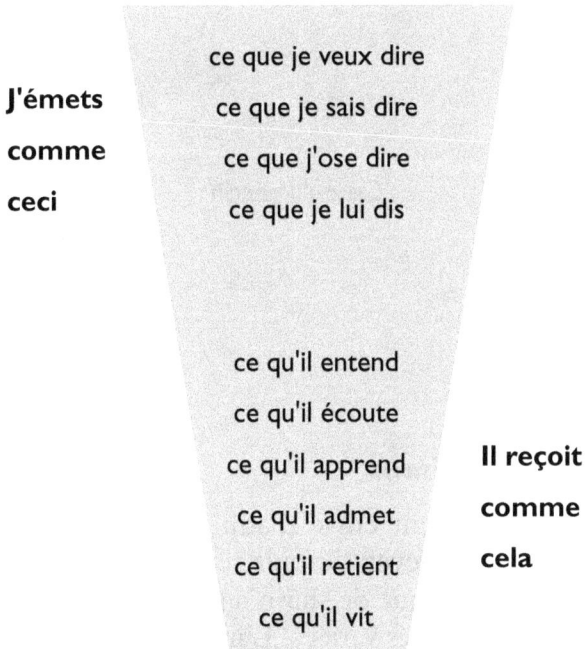

J'émets

comme

ceci

ce que je veux dire

ce que je sais dire

ce que j'ose dire

ce que je lui dis

ce qu'il entend

ce qu'il écoute

ce qu'il apprend **Il reçoit**

ce qu'il admet **comme**

ce qu'il retient **cela**

ce qu'il vit

Avec le dessin ci-dessus, vous observez aisément ce qui se passe : une déperdition énorme entre votre projet, « ce que vous souhaitez dire » en tant qu'émetteur, et ce que l'autre reçoit, et au final « ce qu'il vit » !

Il vous sera toujours plus aisé de travailler votre façon d'émettre un message plutôt que celle dont l'autre le reçoit. Vous devez donc travailler votre expression afin que la base de départ soit plus large et que la déperdition ne commence que dans la phase 2, celle de la réception.

Vous aurez alors un schéma plus réconfortant (voir figure page suivante) :

La communication effective, au final, sera meilleure.

Et comme le dit Thierry Bigot, consultant fondateur du cabinet Real Conseil : « N'y a-t-il pas dix manières courantes, au moins, de dire bonjour ? »

Ce que j'émets

Ce qu'il reçoit

Être soi

Devenez séduisant

Pour que les gens aient envie d'adhérer à votre réseau ou de parler de vous, vous devez devenir séduisant d'une manière ou d'une autre. Un physique de star n'a rien d'indispensable tant le charme revêt des qualités variées. L'image que l'on donne de soi est souvent le miroir de l'image que l'on a de soi. Les jours où vous vous sentez nul, sans attrait et inintéressant sont des jours où vous ne brillez sûrement pas par vos qualités relationnelles. En revanche, dans d'autres périodes, vous sentez que tout vous réussit, que vous pourriez abattre des montagnes : là votre entregent et votre rayonnement sont à leur paroxysme.

Si vous êtes du genre à « geindre » royalement autour de vous à tout bout de champ, il est urgent de changer. Pour que l'effet réseau fonctionne, il faut que vous affichiez un minimum de pêche. Si vous vous plaignez de tout, de tout le monde, de vos chefs d'antan, de la société, de toutes ces andouilles qui ne vous ont jamais compris, de votre famille truffée de « boulets » aussi lourds les uns que les autres, de vos amis qui ont tous les défauts de la terre, de votre compagnon que vous allez larguer dès que possible parce qu'il est vraiment trop nul, de votre compagne qui n'a rien dans le ciboulot, etc. soyez sûr : personne ne va vous recommander à quiconque ! Vous allez rester tout « rabougri » dans votre coin ! Alors, une seule solution : se ressaisir, se regarder et regarder les autres avec davantage d'indulgence.

Un peu de rhétorique

Pour parler, d'une manière générale, et plus encore pour parler de vous, évitez déjà dans votre discours :

- Les phrases longues : elles manquent de rythme, elles endorment, elles sont compliquées à comprendre.

- Les tournures négatives : en effet, dès que vous fabriquez une phrase avec une négation « ne... pas », vous mettez en valeur un mot qui est, en réalité, à proscrire (voir page 151 *Les phrases qui tuent le réseau*). Vous forcez l'interlocuteur à faire deux opérations mentales : une première pour comprendre l'idée, une deuxième pour enregistrer qu'elle est négative. Par exemple, la phrase « Je dirige un commerce qui n'est ni tout à fait une pâtisserie ni tout à fait un restaurant » fait surgir deux images intéressantes « la pâtisserie » et « le restaurant ». Or ces deux suggestions nous frustrent puisque les images sont d'abord évoquées puis rejetées par la négation. Mieux vaut donc parler tout de suite d'un salon de thé (à moins que vous ne soyez en recherche d'effets de style et que votre interlocuteur apprécie, évidemment !).

- Les tournures passives telles que « Le contrat a été signé par mes soins ». Dans cette phrase, le sujet subit l'action (c'est le propre de la tournure passive !) et la tournure manque d'allant. Vous repérez la plupart des tournures passives grâce à l'auxiliaire *être* et au complément d'agent introduit par la préposition *par*.

- Les mots longs ou trop abstraits : un mot long peut devenir abstrait pour celui qui l'entend. Nous devrions donc toujours réfléchir à deux fois avant d'utiliser des mots qui se terminent en « -ion » et en « -ment » car certaines personnes auront du mal à imaginer ou concrétiser ce que nous disons.

Préférez, pour parler de vous :

- Les phrases courtes car dynamiques : elles offrent du rythme, une cadence, du punch !

- Les phrases truffées de verbes : les verbes portent l'action. Il sont les « noyaux » des phrases et sont souvent au cœur de l'idée.

- Les tournures actives telles que « J'ai signé le contrat », car elles mettent en avant celui qui fait l'action et réduisent la longueur de la phrase.

- Les mots courts ou échappant à l'abstraction. Puisque les mots longs deviennent abstraits pour celui qui écoute, vous devinez qu'il vaut mieux utiliser les mots courts et les mots concrets. Voici une phrase extraite du *Cid* de Corneille : « *Va, cours, vole et nous venge* ». Pouvons-nous être plus clairs avec d'autres mots ? Ici, les mots sont des verbes, monosyllabiques de surcroît... et certains sont monosémiques (c'est-à-dire qu'ils n'ont qu'un seul sens possible). D'ailleurs, je vous rappelle, pour la petite histoire, que l'injonction du père est si forte que le fils obéit !

- Les formules positives, dépoussiérées des *ne... pas* : la langue française est suffisamment riche pour que vous trouviez le mot exact qui représente votre idée.

- Les images afin que tout le monde vous comprenne.

Pour convaincre, pensez à articuler, à mettre de l'intonation, à jouer du silence pour donner du relief à vos mots, à lancer le début de la phrase et porter le ton jusqu'au dernier mot, à respirer – pour bien vivre, certes – mais aussi pour bien parler et avoir le temps de laisser la pensée prendre corps en cours de parole.

Chassez tous les mots parasites, hideux dans le discours et polluant le sens tels que : *bon, ben, alors, heu, voilà, quoi* ! Certaines personnes ignorent même qu'elles les disent à tout bout de champ et qu'elles épuisent les personnes à qui elles s'adressent !

Apprenez aussi à questionner pour approfondir, à préparer vos prises de parole pour trouver le langage et les mots qui conviennent. Appuyez-vous sur votre logique et sur un raisonnement construit pour bâtir vos discours. Sachez de quoi vous devez parler et préparez-vous.

Votre corps parle

Modulez votre voix et cassez les rythmes trop monotones. Évitez de laisser votre voix « grimper » lorsque vous prenez la parole longtemps. Pour cela, commencez votre nouvelle phrase un ton plus bas que celui de la phrase qui a précédé. Souvenez-

© Éditions d'Organisation

vous de cette belle image de Michel Serres : « *La voix est la musique de la pensée.* »

Ayez des gestes en harmonie avec votre parole : toute position surfaite devient fausse. Ainsi, être savamment debout sur un pied, une main dans la poche, l'autre appuyée sur le bureau, le dos effleurant vaguement le mur donne de vous une image vraiment fragile : vous êtes en déséquilibre. Revenez constamment à cette position simple et première qui est : bien campé debout sur ses deux pieds, les bras et les mains le long du corps. Cette position étant la base, vous y reviendrez régulièrement et vous laisserez y naître les mouvements dont vous avez besoin pour faire vivre de manière appropriée votre discours. Vos bras et vos mains accompagneront avec justesse vos phrases et exprimeront des gestes d'ouverture. Votre souffle sera un précieux atout grâce à une position du corps confortable. Votre voix aura de l'amplitude car votre diaphragme travaillera aisément. Vos jambes et vos pieds seront des alliés et non des indicateurs de panique !

Enfin, pensez à regarder vos interlocuteurs. Dans notre culture occidentale, regarder l'autre, c'est lui parler avec franchise, sans artifice, et c'est aussi lui donner une existence.

Pour bien communiquer, sachez aussi user de la reformulation empathique : sachez donc redire, en d'autres termes et d'une manière souvent plus concise et plus explicite, ce qui vient d'être exprimé par quelqu'un. Rappelez-vous : l'empathie est en effet la capacité de se mettre à la place de l'autre en restant soi-même et à ressentir ce qu'il ressent. Le psychothérapeute, généralement, a de l'empathie.

Également, lorsque vous communiquez, méfiez-vous de l'entropie, c'est-à-dire de la déperdition due aux incertitudes à propos du message transmis. L'entropie est nulle quand l'incertain ou le flou sont évités. Par exemple : je transmets à une personne un message que j'ai reçu. Quand je transmets ce message, je risque de changer involontairement quelques mots : on m'a parlé d'un éleveur propriétaire d'un troupeau de bêtes, j'ai visualisé un paysan propriétaire de vaches et c'est ce que j'exprime, alors qu'en fait il s'agit d'un *gentleman farmer* richissime propriétaire d'un troupeau de… chevaux !

Plus le message est transmis dans le respect de sa forme originale, moins il y a d'entropie. Et l'entropie est sans doute aussi diminuée lorsque le message est répété par quelqu'un qui a de l'empathie.

Et si je suis timide ?

Témoignage

Un jour, lors d'une de mes conférences, tandis que j'expliquais l'importance de savoir parler de soi et de ses projets, un monsieur me dit : « Et si je suis timide ? Comment faire pour que les gens m'écoutent ? Lorsque l'on vous écoute, vous, tout paraît simple car vous avez de l'empathie, et les gens sont tentés de se rendre attentifs à vos propos. »

À force de travailler sur les thèmes de communication, je deviens plus à l'aise que d'autres pour parler. C'est vrai, c'est le métier. Mais je fais souvent un constat intéressant : dans les groupes, les personnes timides, silencieuses ou discrètes ont une place extrêmement importante. Généralement, comme parler leur demande de fournir un gros effort, elles se taisent et écoutent pleinement. Et quand enfin, elles osent prendre la parole, leurs mots ont un impact fort, généralement mérité car la pensée est claire et réfléchie, les phrases sont préparées.

Parler est une prise de risque qui demande à tous un effort. Mais celui qui parle trop, à tort et à travers, fatigue tout le monde et se fait à terme rejeter. En revanche, celui qui commence par se taire rend deux services : d'abord, il est utile à ceux qui parlent et qui ont besoin des autres pour être entendus, enfin, leur silence est souvent synonyme d'un intéressant travail de synthèse de ce qui a été dit.

Enfin, bien parler nécessite d'abord de bien savoir écouter. Le timide a donc sa place et doit utiliser son temps d'écoute comme un temps de travail et de réflexion pour son expression orale.

Pour oser s'exprimer, il faut s'oublier et se focaliser sur les gens qui écoutent et qui ont sans doute besoin d'entendre le message que l'on a à dire. C'est en s'oubliant soi, simple instrument de parole, et en donnant corps au message, que chacun peut se lancer et prendre le risque de s'exprimer. Dernier conseil pour les timides : plus vous attendez, plus c'est difficile ; exprimez-vous donc parmi les premiers.

Prendre conscience de ce que les gens disent… ou ne disent pas de vous !

Il arrive parfois d'entendre des propos sévères et catégoriques sur autrui (homme ou femme), comme :

- « Personne n'a jamais très bien compris ce qu'il fait… »
- « Son métier, c'est du flan ! »
- « Te dire ce qu'il fait ? Impossible ! Je n'ai jamais rien compris ! »
- « Il est toujours très évasif sur ses affaires. Si tu veux mon avis, c'est louche… »

ou encore, mais c'est déjà mieux :

- « Il est dans la comm'… »
- « Il est dans le secteur bancaire… »
- « Il est dans le bâtiment… »

Si vous vous rendez compte que les gens ne savent pas parler de votre activité ou sont trop flous à votre sujet, à vous d'en tirer un enseignement. Sans doute, devez-vous améliorer les messages à faire passer sur vous : soyez plus concret. S'il est impossible à certains de vous identifier professionnellement, il leur sera également impossible de vous mettre en relation avec d'autres personnes. Et là, vous vous sentirez bien seul !

Prenons l'exemple que je donnais aux experts-comptables lors de leur congrès national en 2001 :

« Vous, expert-comptable, répondez-vous aux besoins des gens grâce à :

- votre esprit visionnaire ?
- vos conseils fiscaux ?
- votre maîtrise des paramètres comptables ?
- votre rapidité d'analyse ?

Le dit-on à votre sujet ou se contente-t-on de dire que vous êtes un expert-comptable ?… Auquel cas vous ressemblez à tous les autres !

Comment se fait, pour vous, le bouche à oreille si utile dans votre profession interdite de publicité ? Car votre situation se résume souvent à ça : un marché… et vous, un individu, et pour irriguer ce marché, le bouche à oreille et les réseaux. »

Offrez-vous des médailles

Imaginez que, demain, vous êtes convié à une remise de médailles. Vous en recevrez quatre : une pour votre mérite professionnel, une pour votre mérite personnel, une pour votre mérite familial, une pour votre mérite social.

À vous de les dessiner et de les argumenter.

Côté pile   **Côté face**

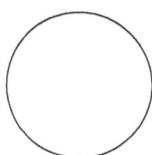

Médaille
pour le mérite
professionnel

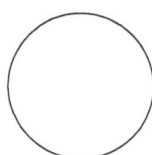

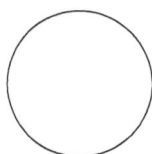

Médaille
pour le mérite
personnel

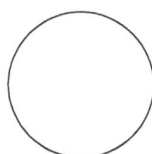

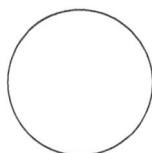

Médaille
pour le mérite
familial

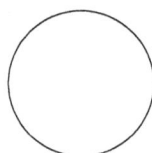

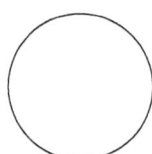

Médaille
pour le mérite
social

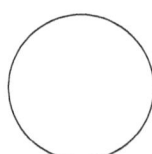

Là, toutes vos réponses seront belles. Cependant, faisons le point :

- Si vous avez la même définition pour les quatre médailles, sans doute êtes-vous très cohérent et limpide ; et que pensez-vous qu'il faille travailler pour obtenir une seconde variante, complémentaire de la première ?
- Si vous avez des intitulés différents pour les quatre médailles, c'est merveilleux de vous écouter jouer différentes mélodies. Maintenant,

savez-vous être insolite et jouer un des morceaux dans un contexte inhabituel ? En somme, la médaille que vous avez méritée sur le plan personnel, pouvez-vous aussi la mériter sur le plan professionnel ou social, par exemple ?

Je souhaite vous inciter à mieux vous connaître, à bâtir de vous une image constructive et tonique qui vous aidera à communiquer avec les autres. Revenez souvent sur ces pages et faites évoluer ces idées.

Partez du principe que vous progressez en permanence : la vie est une ascension car, même si les années nous diminuent physiquement, elles sont la preuve de notre avancée en connaissances, en sagesse et en compréhension d'un monde mutant. Ceux qui arrêtent d'évoluer régressent... alors, avez-vous le choix ? Le « sur-place » est-il jouable ?

Faire partager un message-clé tout en sachant le faire évoluer

Vous verrez dans le chapitre 5 (section *Réveillez votre réseau* page 123), les pistes élémentaires pour bien communiquer et bien parler de soi.

Voici trois nouvelles rubriques pour entretenir ce qui est lancé, et maintenir attisée l'attention des autres grâce à la qualité des messages donnés. Je vous les propose sous forme de trois schémas que vous découvrirez aux pages suivantes.

La loi de la proximité chère aux journalistes et utile en communication

Ce premier schéma s'inspire de la « loi de proximité » à laquelle obéissent les journalistes. Inspirez-vous de cela pour intéresser les gens avec qui vous êtes en relation. Vous serez sûr d'avoir une accroche et un thème qui les concerneront.

En effet, les journalistes savent bien que, pour intéresser le public, il faut lui parler de ce qui le touche. Ainsi, le public s'intéresse d'abord à ce qui se passe à deux pas de chez lui, à ce qui concerne sa corporation, à ce qui le touche affectivement ou à ce qui vient d'arriver. Il sera aussi captivé par les faits qui atteignent les personnes connues ou ceux qui mettent en lumière la rareté.

Il devient facile, pour nous tous, d'intéresser autrui en appliquant dès que possible à notre relationnel le même type de prisme. Si vous voulez capter l'attention des autres, parlez-leur plus d'eux et de ce qui les concerne et moins de vous.

A fortiori, si vous voulez que la presse parle de vous, parlez-lui de son public. Votre savoir-faire n'a d'intérêt que pour un public identifié.

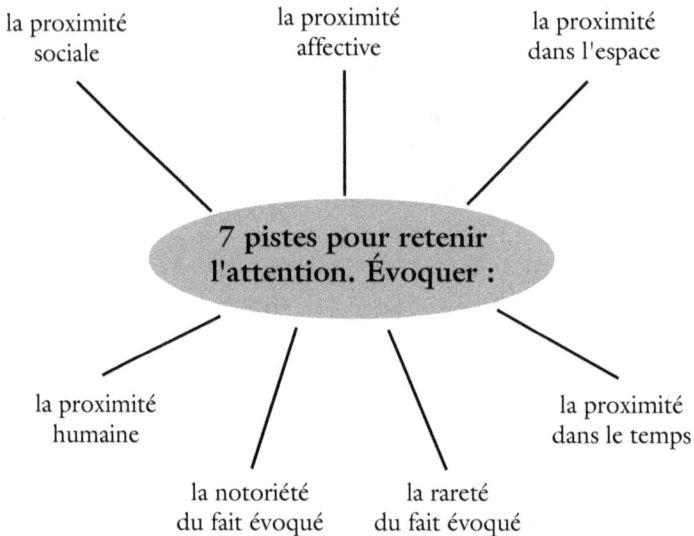

la proximité sociale

la proximité affective

la proximité dans l'espace

7 pistes pour retenir l'attention. Évoquer :

la proximité humaine

la notoriété du fait évoqué

la rareté du fait évoqué

la proximité dans le temps

Chacun s'intéresse à ce qui représente une proximité

S'appuyer sur la presse et améliorer ses relations presse

Les journalistes ont la lourde tâche de devoir en permanence rester sur le haut de la vague, et deviner les sujets nouveaux et porteurs. Vous pouvez les aider. À vous d'identifier les émissions dans lesquelles il serait judicieux que l'on parle de vous et de vos projets, puis sonnez aux portes en proposant des thèmes et des contenus. Vous pouvez commencer par les radios et les journaux locaux. Avec le temps, si vous sentez que vous vous débrouillez bien et que vous apportez aux auditeurs et lecteurs un contenu qui vaut la peine, à vous d'en faire plus et de prendre contact avec des journalistes d'une plus grande pointure. Trois principes à respecter : leur faciliter le travail, tenir compte de leurs urgences en rapport avec l'actualité et respecter leur liberté de ton.

Certains journalistes vont vous téléphoner pour que le dialogue s'installe par téléphone. Généralement, ils procèdent en deux temps et vous appellent une première fois pour vous fixer un rendez-vous téléphonique ultérieur. C'est une bonne idée qui vous permet de vous préparer. Répondre ainsi par téléphone sera un bon entraînement et vous préparera à des prises de parole futures plus difficiles, devant un public par exemple.

Si besoin, vous pouvez prendre des cours de *media-training* dans des centres de formation afin de faciliter ces prises de parole. En effet, gare aux écarts, aux digressions, aux faux-pas et aux gaffes : vous devez identifier le message que vous voulez faire passer, vous entraîner à le formuler et vous y maintenir coûte que coûte. Si vous donnez un message erroné, le journaliste détient alors un scoop et vous risquez de le payer cher. Préparez donc, anticipez. Veillez à être clair et sincère en toute circonstance.

Pour la presse écrite, pour bâtir un communiqué de presse ou un dossier de presse, vous pouvez vous référer à des livres traitant de ce sujet notamment *Le Communicator* de Marie-Hélène Westphalen chez Dunod ou encore *Gérer ses relations avec la presse* par Caura Barszcz[1] dans *Juristes Associés*.

Le vélo pour l'écrit

Voici le deuxième schéma que je vous propose pour que vous puissiez valoriser vos écrits. Je suis partie d'une phrase de Julien Green et j'ai créé le procédé mnémotechnique VELO[2] pour que vous ayez aisément le fil conducteur de tout ce qui rend un écrit agréable à lire.

> « *La pensée vole et les mots vont à pied.*
> *Voilà tout le drame de l'écrivain.* »

---

1. BARSZCZ Caura, *Le guide des cabinets d'audit et d'expert comptable*, Éd. Du management, 2001.
2. VELO pour Vivant, Esthétique, Lisible, Organisé

Pour optimiser l'écrit professionnel :
1. Définition de l'objectif
Réflexion avant le travail d'écriture

À qui j'écris ? (destinataire identifié)	Quels pourraient être mes autres lecteurs ?
Pourquoi j'écris ?	Quel est mon message essentiel ?
Quelles informations possède déjà le destinataire ?	De quelles informations a-t-il besoin ?
Quel est mon point de départ ?	Quel est mon point d'arrivée ?
Dans quelle logique s'inscrit ce texte ?	Quels sont les résultats escomptés ?

2. Du « vol » à la « marche », évoqués par Julien Green, un outil : le « velo », vivant, esthétique, lisible, organisé

Critères à respecter pour rendre le texte attractif

VIVANT

Implication du lecteur : « vous »	Utilisation du « nous », « vous et nous… »
Exemples	Appel à l'imaginaire
Métaphores, citations…	questions à soi, aux autres
Des verbes	Enthousiasme
Arguments émotionnels, sincérité	Éléments de référence
Mots emphatiques	Humour

ESTHÉTIQUE

Présentation claire et aérée	Paragraphes cohérents
Mise en page	Choix des caractères
Règles à suivre propres à chaque type d'écrit	Circuit de lecture

LISIBLE

Choix des mots : courts, monosémiques, concrets	Langage professionnel explicité
Chasse aux sigles	Longueur des phrases revue à la baisse
Tournures actives	Tournures positives
Verbes	Ponctuation

ORGANISÉ

Point de départ/point d'arrivée	Mise en évidence de la trame
Accroche	Introduction
Redondance	Mise en relief
Dissociation : sentiments / faits / opinions / actions / réactions … et bilan / projets	
Paragraphes retravaillés	Mots pivots
Le cas échéant : titres, sous-titres, intertitres	Conclusion

Le fil CCC pour l'oral

Voici le troisième schéma utile pour réussir toute prestation orale : je l'ai intitulé « le fil CCC » (clarté, conviction et chaleur).

CLARTÉ

discours	comportement
Mots, phrases simples et bien choisis	Débit
Exemples	Articulation
Absence de mots parasites	Rythme à donner
Beaucoup de verbes	Des silences
Trame mise en relief	Répétition si besoin
Redondance	Utilisation de supports

CONVICTION

discours	comportement
Point de départ/point d'arrivée	Intonation et articulation
Éléments de référence	Gestes d'accompagnement
Arguments émotionnels	Rythme
Implication personnelle	Attitude
Conclusion préparée	Enthousiasme

CHALEUR

discours	comportement
Métaphores, citations	Gestes d'ouverture
Implication de l'auditoire	Regard
Appel à l'imaginaire	Sourire
Questions à soi, aux autres	Réceptivité aux questions
Utilisation du « nous », du « vous »	Habillement/personnalité/sujet : harmonie à trouver
Mots emphatiques	
Sincérité	Humour

Un réseau pour quoi faire ?

« Le temps des hommes est de l'éternité pliée »
(Cocteau, *La Machine Infernale*)

De qui et de quoi avez-vous besoin ? Vos objectifs personnels

Quel est votre objectif noble, à long terme, celui qui vous fait avancer, celui qui passe immanquablement par votre satisfaction personnelle ? Quelle est votre cible, votre fil conducteur, l'ossature de votre parcours, de votre vie en somme ?

L'accomplissement de votre raison d'être (ou de la mission que vous vous êtes fixée) passe-t-il par la réussite de votre réseau ?

Pour différencier vos objectifs et les définir, je vous propose quelques pistes. Vos objectifs doivent être : crédibles, réalisables, clairement définis, ardemment désirés, intensément imaginés, situés dans le temps, stimulants, individuels ou collectifs, mesurables, concrets, écrits, fractionnables, contrôlables, planifiés.

Pour travailler sur cette idée d'objectif, je vous propose de vous inspirer des mots de Pierre Nicolas et Jérôme Mortemard de Boisse, dans leur livre *La gestion du temps* aux Éditions d'Organisation.

Les auteurs différencient les objectifs de la manière suivante :

- le **but** est un objectif à atteindre et à conserver (exemple : la maison que j'ai choisie et que je cherche à atteindre) ;

- l'**étape** est un objectif à atteindre et à dépasser (exemple : sur le long chemin qui mène à la maison, la rivière au bord de laquelle je dormirai ce soir) ;

- la **valeur** est un objectif qui sert de guide sans que l'on prétende l'atteindre (exemple : la Grande Ourse qui me permettra de m'orienter dans la forêt lorsque j'aurai provisoirement perdu mon but de vue) ;

- la **valeur** est le sens que l'on donne à sa vie.

Si vos objectifs personnels s'ajoutent à vos objectifs professionnels et familiaux, cela vaut la peine de prendre régulièrement conscience de leur origine.

Sont-ils :

- les vôtres ?
- ceux formés pour vous par votre entourage familial ?
- ceux formés pour vous par votre entourage professionnel ?
- ceux qui naissent de l'évolution de votre entreprise ?

Les objectifs incontournables

Pour réussir, il vous faut deux types d'objectifs : des objectifs à long terme et des objectifs à court terme. Les deux sont indispensables pour que vous vous sentiez bien dans votre réseau et que celui-ci soit un succès.

Les **objectifs à long terme** peuvent être assimilés à des objectifs nobles.

Par exemple, pour un expert-comptable, cela peut être :

- améliorer la gestion des entreprises,
- aider les entreprises à effectuer leur mutation,
- améliorer la qualité de vie des individus,
- fixer les choix stratégiques ;

ou encore :

- faire progresser l'humanité,
- innover dans un secteur identifié.

Pour les femmes du bâtiment, cela pourrait être :

- améliorer la gestion de leur entreprise ;
- aider l'entreprise à évoluer ;
- donner une meilleure image du bâtiment ;
- valoriser l'image de la femme dans le monde du bâtiment ;
- valoriser l'image de la femme dans le monde du travail.

À ces objectifs à long terme, vous devez ajouter des **objectifs à court terme**, par exemple :

- gagner sa croûte ;
- défendre son bifteck ;
- défendre son pré carré !

Mon constat : il faut toujours les deux ! Hauteur de vue et grandeur d'âme d'un côté, quotidien terre à terre de l'autre. Si vous omettez de viser l'un des deux, tôt ou tard, vous ne tenez plus la route dans votre réseau.

Le réseau est un outil

Un réseau peut être un outil aussi bien pour la personne morale que pour la personne physique.

Il peut être un réseau de communautés avec partage de valeurs, de hobbies ou de passions ; l'objectif est alors de se faire plaisir, de créer un réseau amical ou encore d'enrichir sa réflexion personnelle de points de vue différents. Cela peut être la recherche d'une aide ponctuelle, d'un soutien moral ou affectif, ou encore un moyen de rompre l'isolement.

Les uns vont y rechercher leurs pairs pour mettre en place la complémentarité entre les compétences, les autres vont vouloir réfléchir ensemble aux grands projets mondiaux ou à l'éthique d'une profession ou d'un secteur d'activité. Cela peut être la recherche d'un bénéfice personnel ou professionnel avec l'élargissement de points de vue ou encore la recherche de reconnaissance. Enfin, certains cherchent simplement à se sentir moins seuls ou à se réaliser en dehors de carcans préétablis.

Un outil pour les femmes du BTP

Les femmes actives du BTP, lors d'un atelier animé sous la houlette de la FFB, ont listé ce que leur apporte le réseau qu'elles ont constitué depuis vingt ans :

- *des informations pour les individus et pour les entreprises,*
- *des méthodes de travail,*
- *des échanges avec les groupes des autres départements,*
- *une mutualisation des moyens,*
- *une mise en perspective des problèmes... et des solutions,*
- *des solutions concrètes et rapides,*
- *une solidarité,*
- *de l'amitié et de la chaleur,*
- *un moyen de sortir de l'isolement,*
- *des possibilités de se former à moindre frais sur des sujets porteurs,*
- *de l'énergie et des convictions,*

- *une plus grande ouverture d'esprit,*
- *une possibilité de progresser,*
- *des responsabilités nouvelles,*
- *la visée d'un projet commun,*
- *l'obtention de résultats à partager,*
- *la reconnaissance en France aujourd'hui, à l'étranger demain,*
- *la force et l'efficacité,*
- *la possibilité de démultiplier les capacités individuelles et collectives.*

Malheureusement un réseau peut être aussi « un réseau « parallèle », c'est le cas des réseaux mafieux par exemple.

Un réseau peut aussi être un réseau d'intérêt, comme le *lobbying*, ou un réseau d'influence pour renforcer une démarche commerciale. C'est alors un moyen de se faire des clients, de créer des contacts, de se connecter à des professions complémentaires de la sienne et de bâtir ainsi un partenariat. Le réseau forme alors une chaîne de prescripteurs qui amènent des prescripteurs… et ainsi de suite. Cela est particulièrement utile pour les professions qui n'ont pas le droit de faire de la publicité. C'est un atout également face à des clients volages ou désireux de changer de temps à autre : vous pouvez ainsi les garder dans votre réseau tout en leur offrant vous-même la possibilité de travailler avec quelqu'un d'autre.

De la même manière, certains créent une centrale d'achat et deviennent ainsi des interlocuteurs plus forts pour négocier avec leurs fournisseurs.

D'autres diront qu'ils veulent, grâce à un réseau, gérer leur carrière, augmenter leur capital relationnel, trouver de nouveaux amis, mettre en valeur ou rechercher un savoir-faire, développer leurs compétences, créer des affaires, avoir des entrées dans certains milieux, ajouter du plaisir et du ludique à leur vie, développer leur pouvoir, leur influence, étendre leur réflexion, prolonger les échanges, se faire mieux connaître, élargir leur culture, travailler différemment ou ailleurs, ou encore défendre haut et fort leurs idées, leur métier, leurs valeurs…

Ainsi, le réseau peut être à voie et voix uniques, ou s'étoiler vers des points irrigués très variés. En effet, il peut se bâtir avec des personnes très différentes les unes des autres qui joueront sur la complémentarité, ou au contraire avec des personnes très semblables ou travaillant sur les mêmes créneaux, voire avec ses pairs.

Chacun peut espérer retirer d'un réseau un enrichissement intellectuel, professionnel, social, financier, organisationnel ou une nouvelle dimension pour sa communication ou son commercial.

Le Lions Club international

Dernièrement, lors d'une conférence que nous étions plusieurs à animer sur le thème du « réseau » à l'ESCEM – Groupe Ecole Supérieure de commerce et de management Tours-Poitiers, Jean-Claude Marandon, vice-président de la région Centre du Lions Club International a expliqué aux jeunes et moins jeunes ce qu'entreprend et apporte un réseau comme le Lions Club. Grâce au Lions Club, les membres Lions ont des objectifs nobles et communs, qui les portent. Voici ceux que vous trouverez cités sur leur site www.lions-france.org :

- *lutter contre la cécité et la malvoyance ;*
- *assurer la permanence téléphonique du Téléthon ;*
- *aider les enfants et les adultes en difficulté ainsi que les handicapés ;*
- *organiser des concours et encourager les talents de la jeunesse ;*
- *soutenir des activités culturelles ;*
- *mettre en place et assurer des échanges de jeunes issus de divers pays ;*
- *discuter librement de tout sujet d'intérêt général ;*
- *être des partenaires dans la Cité ;*
- *aider les personnes en recherche d'emploi à retrouver du travail (www.lions-sel.org).*

Dans notre pays, les Lions collectent environ 18 millions d'euros par an, grâce à des actions menées par les 32 000 Lions représentant 1 million d'heures de bénévolat par an.

Ils disposent également d'une fondation, la Fondation des Lions Clubs de France (FLCF).

Réseau : irrigation ou inondation ?

Attention ! Se fabriquer un réseau ne veut pas dire : bonté béate, maison ouverte, table mise, don total de soi et de ses compétences ! Le travail en réseau ou la vie en réseau suppose irrigation, vie, et non pompage jusqu'à l'extrême, inondation sauvage, polluante et dévoreuse d'énergie.

Quelles sont les limites d'un réseau ?

Un réseau, par définition, paraît sans limite. Pourtant, il me semble plus facile, de nos jours, de maîtriser l'espace que le temps. Le temps passe au même rythme pour tous et ne se multiplie pas : vous ne pouvez, à votre propre temps, qu'ajouter le temps des autres (ce qui est déjà précieux). Le temps que vous allez consacrer à celui-ci est du temps que vous ne pourrez donner à celui-là, plus proche de vous. En revanche, l'espace se délègue davantage ; des relais peuvent être mis en place, ils alimenteront à leur tour votre réseau. Vous pouvez converser avec quelqu'un qui est à des milliers de kilomètres.

Les limites d'un réseau se situeront plutôt dans le domaine de la pensée. Votre réseau nécessite une connivence, une connaissance de l'autre et un partage de mêmes valeurs. Si votre réseau, avec le temps, perd ses repères initiaux, il tourne court ou vous échappe.

Ainsi, pour qu'un réseau « se vive bien », il faut pouvoir y entrer et en sortir aisément, librement. Il est bon que chacun y sente l'accueil et non une quelconque pression sur les résultats. Le participant ne doit en avoir aucune attente particulière ; il doit s'y sentir bien parce qu'il y trouve un partage de valeurs communes et des personnes détachées de la pression extérieure. Il doit y découvrir une relation au temps différente, où chacun se donne éventuellement du temps pour se sentir en confiance, où les échanges prendront corps dans la durée. Il faut dans ce réseau qu'un leader se détache, sans pour autant qu'il cherche à avoir une emprise trop forte sur les autres, et il sera bon que chacun s'investisse et donne du temps au réseau pour qu'il se pérennise.

Si vous l'avez formaté « au petit bonheur la chance », sans tenir compte des personnalités de chacun, et si quelques-unes de ces personnalités sont antinomiques, votre réseau sera au fil des jours de plus en plus malmené. Et peu à peu, tout ce qui devrait en faire sa force deviendra sa faiblesse...

A l'idée de réseau, j'associe fortement cette notion de temps. J'alerte les gens sur la réaction tardive dans l'urgence. Lorsque je rencontre des personnes fatiguées et débordées, j'imagine qu'elles ont besoin d'un associé mais que c'est peut-être déjà trop tard. Quand tout va bien, quand on est en bonne santé, il faut commencer à s'appuyer sur des associés, des partenaires, un réseau qui peut fonctionner. Il est périlleux d'attendre les moments de rupture pour réagir.

Points forts et menaces du réseau des femmes du BTP

Les femmes actives du BTP ont exprimé ce qu'elles sentent être des points forts pour leur réseau mais aussi, paradoxalement, des menaces : « l'absence d'homogénéité et l'existence d'adversaires ».

L'absence d'homogénéité constitue une menace interne et se retrouve à trois niveaux : les femmes, les groupes, les pays concernés.

Ainsi les femmes sont différentes en âge, en expérience professionnelle, en maturité personnelle, en origine sociale, en niveau de diplôme, en activité dans l'entreprise. De même, la nature de l'entreprise peut varier, ainsi que le nombre de salariés, le corps d'état, le type de zones (urbaines ou rurales), l'éparpillement géographique, etc.

Les groupes de femmes varient selon l'ancienneté du groupe, l'encadrement de la fédération locale, la présence ou non d'un permanent de la FFB pour épauler la vie du groupe, la qualité du leader, les projets du groupe, les relations établies avec d'autres groupes dans d'autres départements, l'éloignement géographique des participantes, etc.

Enfin les pays concernés pour faire agir leurs femmes du bâtiment manquent eux aussi d'homogénéité : législations du travail différentes, cultures, langues, ressources, encadrement par les organisations professionnelles, thèmes d'actualité abordés selon les pays, distances géographiques, etc.

Quant à l'existence d'adversaires, elle constitue une menace externe et provient d'individus ou de structures. Ainsi des hommes mais aussi des femmes peuvent être hostiles à cette mise en réseau car les positions acquises par certains s'en trouvent fragilisées. Les relations de pouvoir peuvent se trouver modifiées par l'impact d'un réseau nouveau : certains craignent une marginalisation excessive des femmes. Enfin, des structures peuvent se montrer hostiles au réseau s'il paraît trop lourd à entretenir, s'il risque de paralyser des réseaux différents déjà existants ou de menacer des structures en place.

Par conséquent, pour dépasser ces limites, il est utile de les connaître dès le départ : de cette manière, vous tiendrez bon la barre dans les remous et cela, aussi longtemps que votre objectif initial vous paraîtra clairement défini et prioritaire. Vous verrez à la page suivante les solutions trouvées par les femmes du bâtiment pour dépasser les limites qu'elles viennent d'évoquer.

Redynamiser son activité ou trouver un « job »

Si votre désir est de voir votre activité redynamisée, consacrez d'abord du temps à recentrer votre réflexion sur vos compétences. En effet, vous développerez des champs nouveaux d'application lorsque vous aurez bien cerné : d'une part ce que vous savez faire et ce que vous avez envie de réaliser à l'avenir, d'autre part, l'adéquation de ces éléments avec les besoins nouveaux de votre environnement.

Le réseau des clients/candidats et des candidats/ clients de Michael Page France

Charles-Henri Dumon :

« Très souvent les candidats deviennent clients et inversement. Nos réseaux de clients et de candidats s'échangent beaucoup. Parfois, à la fin d'un entretien notre client nous dit par exemple : « Si vous avez un job de directeur financier, cela m'intéresse ». Nous jouons beaucoup sur l'ambiguïté car lorsque vous avez un client qui vous dit devenir candidat, notre déontologie nous interdit de le débaucher. Donc, nous ne chasserons jamais chez nos clients. Mais si, par exemple, un chef de publicité chez Publicis veut bouger, il doit nous solliciter en nous envoyant son C.V. Et nous, nous disons que si quelqu'un veut partir, que ce soit Michael Page ou un autre qui s'occupe de lui, il est « partant », donc nous nous occuperons de lui. En même temps, nous mènerons avec lui une vraie réflexion car si nous estimons préférable pour lui de rester encore dans son entreprise, nous le lui conseillerons. Notre avantage, en étant gros et en ayant une bonne santé financière, est que cela nous permet d'être assez juste dans notre analyse… à l'opposé des entreprises de recrutement en difficulté qui essaieront de replacer n'importe qui n'importe comment. Nous veillons à être objectifs dans le déroulement de la carrière du candidat. Cela rassure à la fois le client et le candidat. Prendre le temps de placer les gens permet de jouer sur le long terme. »

Un partage de valeurs

Faut-il vous rappeler la morale de la fable de La Fontaine, *Le Corbeau et le Renard* :

© Éditions d'Organisation

> *« Apprenez que tout flatteur vit aux dépens*
> *de celui qui l'écoute. »*

Restons vigilants et attentifs sans pour autant nous méfier de tout et de tous.

Conditions requises pour qu'un réseau réussisse

Un réseau formel réussi est bâti sur l'échange, la confiance, l'estime pour les compétences et les spécificités de chacun ; il tient la route si chaque membre peut donner un jour à autrui autant ou plus que ce qu'il a lui-même reçu.

Il nécessite à la fois la mise en place de décisions collectives, et l'acceptation que des initiatives personnelles soient prises par les uns ou les autres.

Conditions pour que le réseau des femmes actives du BTP réussisse

Les femmes actives du BTP ont abordé cette question lors d'un atelier de réflexion à la FFB en novembre 1998. Voici le compte rendu de cet atelier :

« Pour qu'un réseau fonctionne, doivent exister des liaisons et une innervation ; l'information doit pouvoir circuler dans toutes les parties du réseau sans contrainte, ni retenue. Il faut un centralisateur, un leader, un impulseur, un animateur ou un chef d'orchestre.

« Toutes ces personnes doivent avoir un besoin, un objectif commun, une attente partagée ou encore ressentir la même nécessité à être reliées. Ce fond commun touche :

- *l'information, l'échange de données ;*
- *la solidarité, la confiance, la complémentarité ;*
- *une aide, un soutien, un appui ;*
- *l'efficacité, le savoir-faire, le « savoir-être » ;*
- *une reconnaissance, une existence, un développement, une éclosion, une naissance ;*
- *l'expression, la communication*

« À cela il faut ajouter la durée : comme un organisme vivant, ce réseau doit vivre dans le temps. Il faut l'entretenir, le nourrir, l'éduquer, le développer et renouveler ses cellules.

« Il doit atteindre une taille suffisamment importante car l'union fait la force. Ainsi les membres du réseau doivent être nombreux. Dans le cas

des femmes du BTP, ils constituent déjà chacun d'entre eux un maillage important dans chaque département ; ce maillage s'agrandit grâce aux connexions nationales puis internationales de ces différents groupes. »

La variété et l'importance des critères à retenir sont tellement fondamentales et délicates à harmoniser qu'il paraît peut-être dissuasif de se lancer... Certains de ces paramètres se mettent en place petit à petit, mais tous apparaissent essentiels à tour de rôle. Les connaître à l'avance permettra à ceux d'entre vous qui désirent monter un réseau formel d'anticiper et de mettre sur pied, rapidement, un bon réseau, bien solide.

Les composantes incontournables pour développer un bon capital relationnel

Le 56e congrès de l'ordre des Experts-comptables s'est déroulé en octobre 2001 à Bordeaux et un des grands thèmes de réflexion a été : « le capital relationnel ». L'ordre national des Experts-comptables avait estimé indispensable de susciter une réflexion sur ce thème du réseau pour ses professionnels adhérents et m'avait, à ce titre, demandé différentes interventions dont une en séance plénière. Voici quelques-unes des idées que j'ai développées là-bas.

Pour qu'un réseau réussisse, il est nécessaire que ses adhérents aient :

- un partage d'éthique et de valeurs ;
- un partage d'objectifs et de projets communs ;
- le respect de leurs libertés individuelles, ils doivent donc pouvoir entrer et sortir facilement du réseau ;
- leur créativité sauvegardée ;
- l'envie de beaucoup donner ;
- la sagesse d'être généreux... et perspicaces ;
- un retour sur investissement ;
- un aller-retour des échanges ;
- le sens de la légalité ;
- la possibilité de défendre leur identité ;
- des objectifs communs ;

- l'envie de vivre en harmonie avec les autres et de partager quelque chose avec eux ;
- des satisfactions à accepter les prescripteurs éventuels car c'est le bouche à oreille qui fonctionne ensuite malgré eux ;
- la capacité d'écouter, car l'écoute de l'autre permet ensuite de cibler sa réponse ;
- l'aptitude à parler d'eux-mêmes car c'est le préalable à toute création d'un réseau : savoir parler de soi, savoir se rendre unique, mettre en valeur son parcours, sa cohérence, sa colonne vertébrale.

Prenons l'exemple de deux experts-comptables si différents dans leurs expériences :

- un homme de 50 ans, investi dans le bénévolat, actif dans son quartier, impliqué dans des associations sportives ;
- une femme de 35 ans, mariée à un artisan, sportive, mère de famille, impliquée dans des associations éducatives.

Leurs différences font leurs forces respectives ; leur présentation fouillée permet aux auditeurs de choisir quel est l'expert-comptable qu'ils jugent humainement adapté à leur situation et à leurs centres d'intérêt.

Vous, lecteur, vous l'avez déjà deviné : pour bâtir ou intégrer un réseau, il est nécessaire de mettre en pratique aussi bien ce qui est dit dans ce chapitre que tout ce qui figure dans les pages précédentes et les pages qui suivent.

Tout est réseau : il faut donc développer au quotidien un « esprit réseau », un « comportement réseau ».

Mettez donc en évidence les valeurs que vous souhaitez partager avec les autres. Puis optez pour la stratégie qui vous permettra de tisser une toile en harmonie avec vos convictions :

4 à 8 stratégies possibles

Au minimum, quatre grandes stratégies sont possibles pour augmenter son capital relationnel :

Stratégie 1. Réveiller son réseau tel qu'il existe déjà grâce à l'entourage, l'enfance, l'adolescence, le voisinage, la famille… À vous de le raviver et de le cultiver avec les différentes méthodes que je vous propose ici. Vous en restez le cœur et naviguez d'un pôle à l'autre.

Stratégie 2. Intégrer un réseau déjà existant tel que le Lion's Club, les clubs de dirigeants, les associations caritatives, les clubs professionnels, les clubs de créateurs d'entreprise, les clubs sportifs, etc. Dans un livre comme celui d'Alain Marty *Réseaux d'influence*, publié chez Ramsay, vous pouvez repérer le ou les réseau(x) que vous souhaiteriez intégrer. Je vous conseille d'en choisir un ou deux maximum. Dans ce livre, vous verrez les procédures pour adhérer à ces réseaux ainsi que leurs coordonnées. Allez-y, foncez, faites-vous plaisir. Avec le temps, en connaissant mieux l'état d'esprit du réseau que vous avez choisi, vous y deviendrez actif à votre tour.

Stratégie 3. Créer un réseau formel en décidant vous-même des premiers adhérents et du projet de fond. C'est vous qui lui donnerez son esprit, son éthique, son énergie première. À terme, vous serez tenté de lui donner une forme juridique (association loi 1901 ou autre). Bravo ! Cependant, anticipez et imaginez rapidement le statut que vous souhaitez lui donner.

Stratégie 4. Comme dans le cas précédent, vous décidez de **bâtir un réseau** à partir de vos relations. Vous bâtissez à plusieurs le projet, le type de relations et les réunions envisagées. Cependant, vous optez pour un réseau que vous souhaitez laisser informel, spontané et sans législation. C'est une sorte d'entente morale, de prédisposition à l'entraide et au compagnonnage, moins contraignante sur le plan pratique, et riche pour la qualité des échanges établis.

Pour ces réseaux que vous créez et dont vous êtes l'instigateur, il faut à terme une création d'objectifs, une réflexion à mener sur les associations de personnes, un calendrier, une charte déontologique, des réunions d'échanges, des critères d'évaluation… En devenant d'emblée la tête pensante du réseau, vous prenez une lourde charge. Un conseil : veillez à décider dès le départ du temps que vous resterez à ce « poste ». Nommez dès que possible celui qui vous succèdera et déléguez largement certaines missions.

Quatre autres choix de stratégie sont aussi à envisager :

Stratégie 5. Faut-il utiliser les réseaux amicaux ou sportifs pour obtenir des contacts professionnels ? Cela correspond à un choix de vie. À vous de voir si vous aimez jouer au golf pour vous distraire, incognito, ou si pour vous, le golf n'étant pas votre jardin secret, il vous est tout aussi facile d'y envisager des contacts professionnels. À chacun de choisir en fonction de ses objectifs. Mais si vous êtes nul dans un sport, inutile de vous imposer de le pratiquer pour vous faire des relations dans un stade ou sur un green... À moins que vous n'assumiez volontairement le rôle de pitre de service et que vous sachiez en tirer parti.

Stratégie 6. Appartenir à certains réseaux exige parfois que vous répondiez à un ensemble de critères. Vous devez atteindre un certain niveau de compétence. J'ai ainsi entendu parler d'un réseau d'écoles associées dans des pays étrangers : en faire partie impose le respect d'un certain nombre de paramètres, tant pédagogiques que matériels. Ne peut donc pas en faire partie qui veut. C'est la preuve que **le réseau peut être aussi une forme d'exclusion** : si vous ne lui appartenez pas, vous êtes exclu ! C'est une mauvaise nouvelle mais c'est une réalité. Si on a omis de vous intégrer à des réseaux pour vous incontournables, cela peut être le signe que vous êtes rejeté d'une association de professionnels, par exemple.

Stratégie 7. À chacun aussi **d'être judicieux sur son choix de clientèle** : prenons le cas d'une personne en profession libérale – consultant, avocat, expert-comptable – et qui, un jour, s'occupe d'un client mafieux. Cet événement mérite réflexion. Est-ce :

- une erreur de parcours qui sous-entend que ce professionnel refusera le bouche à oreille qui risquerait de le cataloguer dans un certain type de clientèle ;

- ou une prise de risques assumée qui, par le biais de l'effet réseau, va définitivement marginaliser ce professionnel ?

Stratégie 8. Dernière stratégie qui mérite de l'anticipation et de la réflexion : **travailler en réseau avec d'autres professionnels possédant le même type de clientèle.** C'est normalement un bon moyen de garder sa clientèle même si certaines personnes ont encore peur de s'associer ou de collaborer avec d'autres.

J'aime prendre l'exemple de la cliente d'un salon de coiffure. Par exemple, vaut-il mieux voir une cliente changer de salon de coiffure ou simplement changer de coiffeur au sein d'un même salon ? Dans un cas, le commerçant a perdu sa cliente sans savoir pourquoi… Dans l'autre, il la garde grâce à son réseau.

Prenons encore le cas d'un ancien qui s'associe avec un jeune. Une relation de confiance peut se mettre en place avec un jeune ; cela peut ressembler, pour certains, à une filiation, avec les avantages et les risques que cela implique.

Enfin, voici une dernière proposition faite par Christophe Bernard du cabinet Phase2ca : « Je définis des objectifs, des cibles prioritaires et un plan d'action plus ou moins formalisé. Le suivi se fait sur un tableau mis régulièrement à jour. »

Dans tous les cas, bâtissez une stratégie qui vous soit personnelle, faite sur mesure et adaptée à vos objectifs.

Moteur… Action !

Maintenant que vous avez fait le point sur votre stratégie, agissez. Courage ! Prenez des contacts. Allez au front. Vendez-vous comme un commercial sans vous vexer, sans effronterie, sans faillir. Si votre approche est difficile, changez de contact ou de tactique. Évitez de vous dire que vous êtes mauvais. Dites-vous plutôt que votre interlocuteur manque de disponibilité à l'heure actuelle et profitez-en pour peaufiner votre discours, mieux cerner ce qui fait votre intérêt pour autrui.

Je voudrais revenir sur les mots forts du congrès national des Experts-comptables : innovation, imagination, immatériel :

- **Innovation** : ils étaient 1 000 dans la salle à entendre les mêmes mots… Vous êtes déjà plus de 5 000 à avoir lu ce livre. Et chacun, à partir de là, va innover par rapport à son parcours, son projet, son itinéraire.

- **Imagination** : c'est à chacun d'être créatif, d'imaginer les ramifications de son réseau personnel et professionnel. Chaque réseau est unique, irremplaçable, la propriété de celui qui l'irrigue. Il est personnel, inviolable. Si vous oubliez de faire vivre vos réseaux, ils meurent car ils ne peuvent vivre et s'irriguer mutuellement que grâce à vous.

• **Immatériel** : le réseau relationnel est absolument immatériel. C'est un capital relationnel impalpable mais qui vaut de l'or !

Je vous souhaite à tous des réseaux actifs, qui vous rendent heureux et performants et qui, le temps passant, vaudront de l'or !

Étape/Tests

Faire le point...
1. « Savez-vous parler de vous ? »

Très bien • Bien • Médiocrement • Très mal

1. Quels sont votre profession, votre savoir-faire professionnel ou votre spécificité ?

2. Sauriez-vous, à brûle-pourpoint, trouver une image (ou un slogan – une métaphore – un logo – un chiffre – un dessin – un mot) pour évoquer votre profession et la manière dont vous l'accomplissez ?

Commencez à chercher : vous avez dix minutes, une demi-heure, une journée ou un mois (pourquoi pas) pour trouver l'idée, l'étoffer, l'affiner. En tout cas, il est temps de commencer !

3. Par rapport à votre savoir-faire, quelles compétences vous manquent encore pour travailler plus ou mieux ?

81

---

4. Avez-vous conscience de ce que vous avez le mieux réussi sur le plan professionnel ?

---

5. Depuis combien de temps en avez-vous conscience ?

---

6. Avez-vous un projet (personnel, professionnel ou les deux) qui vous tient à cœur et que vous souhaitez réaliser dans votre vie, sous peine de le regretter si vous ne le concrétisez pas ?

Voici quelques exemples de réponses données par les participants à mes formations :

1. Quels sont votre profession, votre savoir-faire professionnel ou votre spécificité ?

Ceux qui se présentent comme *consultant, consultant en ingénierie, informaticien, psychothérapeute, animateur psychosocial*, etc. donnent de leur profession, parfois sans le savoir, une image floue. En effet, si l'interlocuteur peut devenir à terme un client, un prescripteur, un ami ou un acteur du réseau, il faut qu'il comprenne rapidement votre domaine d'intervention et votre compétence. Ainsi, tous les termes cités précédemment méritent soit d'être étoffés, soit d'être changés pour que le grand public les comprenne. Il est déconseillé de ne parler que pour un petit nombre d'initiés ou pour ses pairs.

2. Sauriez-vous, à brûle-pourpoint, trouver une image (ou un slogan – une métaphore – un logo – un chiffre – un dessin – un mot) pour évoquer votre profession et la manière dont vous l'accomplissez ?

Parfois les personnes sont consternées tant cette demande leur paraît insolite. Mais, surprise merveilleuse, à chaque fois après réflexion la plupart répondent superbement. Voici quelques idées données :

- Le comptable a dessiné un boulier.

- L'électricien illustre sa profession en disant : « Que vous soyez homme, société ou domaine… mon métier, c'est de vous mettre en lumière. »

- Le formateur peut dire de lui qu'il est un « accoucheur de talents » ou bâtir une phrase telle que : « D'aucuns pourraient dire que nous remplissons des cerveaux, d'autres que nous les modelons… pour ma part, je préfère dire que j'allume un feu dans le cœur et dans la tête. »

- Le consultant s'imagine comme un « trait d'union » entre différentes populations.

- Le plombier se vend avec : « Instants critiques, catastrophiques ? Un numéro ! Sauvé des eaux ! »

- Un peintre-décorateur spécialisé dans les bâtiments industriels a imaginé cette belle idée : « Je suis à l'industrie ce que le peintre est au musée. »

- Le psychiatre, enfin, s'exprime en disant : « Que tu sois vieux ou jeune, sage ou agité, malade ou puissant, je te regarde avec respect car ta différence fait partie de ma vie. », etc.

À vous de bâtir, avec vos idées, l'image qui sera la vôtre. Chacune est unique.

3. Par rapport à votre savoir-faire, quelles compétences vous manquent encore pour travailler plus ou mieux… ?

Cela peut être des compétences en informatique, en écriture, en design, en comptabilité… et ainsi émerge le besoin d'un réseau pour faire appel, le cas échéant, à la spécificité qui va permettre d'aller plus loin. Prise de conscience importante car, dans le feu de l'action parfois, chacun croit bien faire en « bricolant » imparfaitement un produit qui, au final, ne sera pas retenu. Temps perdu, professionnalisme en perte de vitesse… mieux vaut faire appel à son réseau plutôt que de vouloir rester « le grand mani-tou de tout » !

4. Avez-vous conscience de ce que vous avez le mieux réussi sur le plan professionnel ?

Certains diront : « J'ai su m'adapter à un monde en crise » ou « J'ai entre-pris un virage professionnel qui m'a épanoui », « J'ai créé différentes sociétés que j'ai revendues », « J'ai mis au point un procédé qui est toujours d'actualité dans la structure qui l'a acquis » ou encore, « De tout ce que j'ai mené dans ma vie, le plus gratifiant à été une action bénévole que j'ai menée dans une association », etc.

Accordez beaucoup d'importance à cette réponse car il faut savoir s'offrir des compliments et donner du relief à ses réussites. Trop de gens ont tendance à ne garder en mémoire que leurs échecs. Entretenons notre mémoire des belles entreprises menées.

5. Depuis combien de temps en avez-vous conscience ?

La prise de conscience d'une réussite passée peut être tardive. Parfois, lorsque nous avons la tête dans le guidon, nous sommes aveugles et seule la réflexion après la course nous offrira la satisfaction de l'exercice bien mené. Des poètes, des savants ont parfois réalisé l'essentiel de leurs prouesses dans un laps de temps très court, parfois très tôt dans leur vie, parfois très tard. À nous de repérer, de temps en temps, sur notre itiné-raire passé, ce dont nous pouvons déjà être fiers.

6. Quels sont vos projets ? À 6 mois, à 1 an, à 3 ans, à 6 ans, à 10 ans ?

Pour atteindre vos objectifs, il est bon qu'ils soient clairement définis, concrets, réalisables, chiffrables, voire écrits aujourd'hui. La connaissance de vos projets vous aidera à imaginer votre vie comme une trajectoire, à prendre en compte pour vos réalisations futures vos expériences passées, et à parler de vous en vous bâtissant une image cohérente nourrie d'un passé, d'un présent et d'un futur. La constitution d'un réseau constructif est à ce prix : votre trajectoire et la sienne évolueront de concert, même dans les virages.

7. Avez-vous un projet (personnel, professionnel ou les deux) qui vous tient à cœur et que vous souhaitez réaliser dans votre vie, sous peine de le regretter si vous ne le concrétisez pas ?

Terrible question ! Y voyez-vous clair ? Que trouvez-vous fondamentale-ment important pour vous ? Quels sont vos rêves accessibles et réalisables ?

Pensez à vous et soyez, sur ce point, assez égoïste : si votre projet personnel est de voir vos enfants devenir des adultes heureux, est-ce vraiment un objectif pour vous-même ? N'est-ce pas plutôt le leur, car vous ne maîtriserez pas certains de leurs choix… Mettez-vous en scène personnellement et différemment pour répondre à cette question. Essayez d'être concret : écrire un roman, bâtir une maison, inventer un procédé, industrialiser une idée géniale, ouvrir un commerce, être champion de vélo, etc.

2. Aujourd'hui et demain : les ramifications de votre réseau

À la page suivante, vous allez trouver un moyen d'identifier les ramifications actuelles de vos réseaux relationnels existants. Vous allez aussi trouver les ramifications souhaitées.

Soyez ambitieux pour ce questionnaire ! Ôtez vos œillères ! Voici quelques pistes de réponses qui élargiront vos horizons au fil des questions 1 à 7.

1. Pourquoi viser un réseau départemental si vous êtes capable de créer des liens d'un département à l'autre puis d'une région à une autre ? Connaissez-vous des gens dans les départements voisins ou les pays voisins avec qui vous pourriez éventuellement travailler ?

2. Peut-être, dans votre profession, travaillez-vous sur plusieurs registres : chacune de vos casquettes génère sans doute des contacts très variés. À vous de les lister et de voir si ces contacts ne sont pas des maillons en or pour des pistes nouvelles !

3. Avez-vous des activités sociales dans votre commune, votre région ? Avez-vous repéré des gens dans ces activités-là avec qui vous avez des affinités professionnelles ou personnelles ? Ces personnes connaissent-elles des personnes qui, elles, pourraient vous aider ?

4. Dans votre famille, avez-vous des relations qui naviguent dans un domaine proche du vôtre et qui pourraient vous aider à étoffer vos compétences ? Ou encore, pouvez-vous être utile à quelqu'un de votre entourage familial pour les mêmes raisons ? Ce serait le moment de foncer, car il y a souvent un juste retour de ce que l'on donne…

5. Gardez-vous des contacts avec vos concurrents, confrères ou collaborateurs ? Ils sont a priori pour vous extrêmement précieux. Grâce à eux, vous savez comment est le marché. Grâce à eux, vous

pouvez compter sur un coup de main un jour de coup de feu. Grâce à eux, vous pouvez réfléchir à l'évolution de votre profession. Notez dans ce questionnaire vos meilleurs confrères, ceux que vous estimez, et faites une case à part pour ceux que vous jugez parasites, copieurs, gêneurs ou peu professionnels. Cela vous forcera à être lucide sur ce que vous ressentez.

6. Lorsque vous regardez la classe politique, y a-t-il un visage qui vous rappelle un autre visage ? Un de vos anciens camarades d'école est-il devenu célèbre ? Cherchez bien, ce serait finalement normal que vous en ayez côtoyé quelques-uns précédemment. Peuvent-ils aujourd'hui être utiles à votre réseau ?

7. Enfin, en dehors de la politique, il existe aussi des célébrités avec lesquelles vous avez peut-être des souvenirs d'enfance : il peut être agréable de renouer le contact. Ces personnes peuvent être heureu-ses de vous retrouver, qui sait ?

Aujourd'hui et demain : les ramifications de votre réseau

	Ramifications actuelles : *(mettez des noms si besoin)*	Quelles sont les ramifications que vous souhaitez pour demain ?	Pourquoi ?
1. Géographique			
- international, - national, - région, - département, - voisinage immédiat…			
2. Professionnel			
- rubrique 1, - rubrique 2, - rubrique 3, - …			
3. Social			
4. Familial			
5. Les 3 C			
- confrères, - collaborateurs, - concurrents.			
6. Politique			
7. Médiatique			

Maintenant, au regard de cette partie, vous savez que tout le monde a au moins un réseau et qu'il suffit de débroussailler le terrain pour en retrouver les racines et les jeunes pousses. Une fois le repérage fait, il faut bêcher, nourrir, dynamiser, tuteurer les branches et semer de nouvelles graines. Cela impose d'avoir le courage de parler de soi, d'aller au-devant des autres, de faire preuve de confiance et d'audace. Vous allez découvrir de nombreuses pistes dans les pages qui suivent…

3
•

Créer un réseau

Précautions préliminaires : protéger !

Si vous avez un savoir-faire que vous jugez unique ou que vous souhaitez protéger, il est préférable de le protéger auprès d'organismes spécialisés avant de vous mettre en réseau. Vous pouvez ainsi avoir recours à l' INPI, à la SACD, à la SGDL, à la SCAM, à la Sacem, à des sites Internet, etc.

Sachez cependant que l'idée en soi est difficile à protéger. Vous pouvez, en revanche, protéger la forme qu'elle revêt : invention, marque, création littéraire ou artistique... Par exemple, proposer une formation à la gravure par correspondance est une idée que pourra reprendre un concurrent, mais vous pourrez protéger le nom (au titre du droit des marques) ou la méthode (au titre du droit d'auteur). En tout état de cause, mieux vaut se constituer des preuves attestant que l'on est bien à l'origine d'une idée. Quelques organismes peuvent vous être utiles :

L'INPI est l'Institut national de la propriété industrielle. Vous pouvez y déposer une marque de fabrique, de commerce ou de service. L'INPI délivre aussi des enveloppes Soleau avec lesquelles vous pouvez protéger aussi bien une idée que la forme d'un objet. (INPI 26 bis, rue de Saint-Pétersbourg, 75800 Paris Cedex 08 - www.inpi.fr).

La SACD est la Société des auteurs et compositeurs dramatiques. Vous pouvez y déposer des manuscrits dans les domaines suivants : théâtre, danse, radio, télévision, cinéma, multimédia, art lyrique et nouveaux médias. (SACD 11 bis, rue Ballu, 75009 Paris - www.sacd.fr).

La SGDL est la Société des gens de lettres. Elle prend en dépôt les manuscrits de romans, de nouvelles, de contes, de scénarios, les plans d'architecture, les documents photographiques, les listages de logiciels, les progiciels, les organigrammes... (SGDL Hôtel de Massa, 38, rue du Faubourg-Saint-Jacques 75014 Paris - www.sgdl.org)

La SCAM est la Société civile des auteurs multimédia. (SCAM Hôtel de Massa, 38, rue du Faubourg-Saint-Jacques, 75014 Paris - www.scam.fr)

La SACEM est la Société des auteurs, compositeurs et éditeurs de musique. (Sacem 225, avenue Charles de Gaulle, 92521 Neuilly sur Seine cedex - www.sacem.fr).

Vous pouvez aussi faire établir un constat d'huissier ou un acte notarié, ou encore faire appel à la nouvelle technologie :

www.cyberprotec.com

Voici le principe de ce site expliqué en ligne : « Il fonctionne comme un coffre-fort virtuel ouvert 24h/24 et 365 jours par an. Les dépôts s'effectuent sous le contrôle d'un huissier de justice. Les documents déposés sont horodatés et protégés contre les indiscrétions et la destruction accidentelle. Dès leur stockage, les documents deviennent inaccessibles en écriture afin que chaque document déposé soit unique. Le déposant reçoit un certificat de dépôt portant les date et heure de dépôt. »

www.creasafe.com

Le site creasafe propose :

- un horodatage permettant de certifier la date de création du document ;
- une signature électronique permettant d'authentifier le contenu du document ;
- un service de sauvegarde de vos fichiers sur bandes magnétiques et serveurs sécurisés ;

- le dépôt à l'Institut national de la propriété industrielle.

www.fidealis.com

Le service de Fidealis est une solution qui allie plusieurs outils :

- un horodatage certain (synchronisation sur horloges atomiques et sur GPS) ;
- une signature numérique (loi du 13 mars 2000) ;
- un traçage automatique chez huissier ;
- un accès à votre compte sécurisé et crypté (aucune interception de ces informations personnelles n'est possible) ;

Le créateur obtient, après le dépôt de chaque document, un reçu d'horodatage contenant la preuve de date et de contenu de ce document.

Un autre site propose le même type de services : www.primao.com.

Vous trouverez aussi de nombreuses pistes sur le site de l'APCE : www.apce.com.

Protection à toute heure

J'animais dernièrement, en fin de journée, une conférence de trois heures dans un club de dirigeants. Cette conférence se concluait par un dîner. Pendant le dîner, un jeune patron dynamique et sympathique m'explique qu'il a conçu un logiciel avec l'aide d'un informaticien pour améliorer la gestion de sa profession. Son idée avait l'air tout à fait judicieuse et je lui dis, presque incidemment : « Vous l'avez protégée, bien sûr ? » Il me répond : « Non, j'attends qu'elle soit finalisée. » J'insiste : « Vous n'avez pas peur que l'informaticien qui est déjà bien avancé dans le projet dépose l'idée avant vous ? Un conseil, ce soir, en rentrant, ayez le réflexe www.cyberprotec.com. »

Le lendemain matin, dans ma messagerie, je trouve le mail suivant :

« Merci de votre conseil. À minuit, j'ai protégé mon idée. Je me sens soulagé. »

Identifier les partenaires

Si vous désirez créer un réseau, une fois votre concept protégé, vous aurez à identifier les partenaires qui vous sont nécessaires. Les associations créées à la va-vite sont souvent catastrophiques. Molière, dans *Le Misanthrope*, nous mettait déjà en garde :

« Sur quelque préférence une estime se fonde,

Et c'est n'estimer rien qu'estimer tout le monde. »

Prenez donc du temps pour fabriquer un tissage efficace et veillez à qui vous allez donner votre estime.

J'ai eu l'occasion de rencontrer le développeur du « Réseau de la forme » : Philippe Massebeuf. Il sillonne la France à la recherche de clubs de sport qu'il souhaite réunir sous une même bannière. Il en a pour l'instant réuni une vingtaine et souhaite que son réseau devienne le porte-drapeau et le tremplin de clubs indépendants de qualité.

De même, j'ai rencontré un compositeur de musique, Laurent Barselo, qui est aussi producteur artistique. Voici son témoignage :

« Le réseau, dans mon domaine, est primordial. C'est un réseau nourri de contacts, de liens et d'échanges relationnels. Dans ce monde-là, la fibre émotionnelle est très forte. Quand des personnes se rencontrent et envisagent de travailler ensemble, il faut d'abord qu'elles se plaisent ; ça passe véritablement par la séduction. Les relations sont donc plus chargées en émotion que dans d'autres rapports professionnels. Cela ne veut pas dire que c'est superficiel ; au contraire, c'est un lien profond qui unit les gens. Car si cela reste superficiel, ce sera un contact sans aucun intérêt et donc un réseau dont on ne fera rien. Il faut « ressentir » l'autre personne et elle doit nous « ressentir » aussi, et positivement bien sûr. Nous développons donc des qualités d'empathie (voir page 52).

« C'est toujours un investissement à long terme. Si c'est superficiel, cela sera du très court terme. C'est comme si *parler vrai* exigeait d'abord d'exprimer un ressenti, une fiabilité vraie. Comme si pour faire entendre *raison*, il fallait parler *passion*. Ainsi, une fois ce premier ressenti mis à jour, il faut savoir parler rapidement de son projet ou de son talent. C'est un véritable défi, à chaque fois, parce qu'il faut faire passer beaucoup d'impalpable en très peu de temps, dans des endroits parfois bruyants ou animés où gravitent les gens importants du milieu musical. Il faut arriver à donner l'envie d'un autre rendez-vous dans un endroit plus approprié au jugement d'une œuvre musicale ou d'une production artistique. C'est excitant et passionnant. Ainsi, le premier contact peut se faire dans une soirée privée, chez des amis où il y a un piano, dans une boîte de nuit à Paris, par exemple... Mais le second contact, la création du lien, se passe en général dans un lieu plus approprié à l'écoute et à l'échange. Le relationnel n'utilise pas la logique classique. Cela rend ce métier plus risqué, plus aléatoire que d'autres. Pour avancer, pour réussir, il faut être avec les bonnes personnes, au bon endroit et au bon moment. Trois paramètres sont donc nécessaires : le talent, le travail... et la chance. Ce dernier paramètre est aussi important que les deux autres réunis.

« Je connais depuis mon adolescence ce monde de la musique. Je sais que si vous arrivez d'emblée avec une méthode ou une idée toute faite, vous allez à l'échec. Dans tous les cas, si vous cherchez à appliquer à ce métier les règles traditionnelles de la négociation, c'est risqué parce que vous êtes confronté plus qu'ailleurs à une relation affective. Vous devez d'abord comprendre sur quelle longueur d'onde est votre interlocuteur. Ensuite, il faut gérer le temps : manier accélération et pause. Enfin, la dernière étape ressemble à beaucoup d'autres négociations. Un grand spectacle ou un grand concert met en scène, à tous les niveaux, de grands professionnels secondés ou remplacés, assez souvent, par des avocats. Il est difficile d'être fantaisiste avec le monde financier... C'est là où mes études de droit m'aident et prennent le relais de mes compétences artistiques. Une fois le contrat signé, l'effet réseau continue de fonctionner. Le bouche à oreille sera utile, pour recruter les techniciens par exemple. Pour les autres partenaires, un contact en amène un autre. Nous naviguons dans un milieu restreint et chacun sait avec qui il aime travailler, avec qui il pense réussir un beau concert ou un beau spectacle. Mais là encore, la chance dans les rencontres change tout.

« Par ailleurs, l'ensemble de ces relations reste assez feutré tout le temps des préparatifs car les gens de la profession sont prudents sur l'évolution de leurs projets. Chacun cherche à protéger l'idée, les artistes, le site, etc. C'est un réflexe de prudence et de respect vis-à-vis d'un travail encore inachevé, comme pour n'importe quel *deal* d'affaires. Un sain réflexe, je trouve, dans un monde où l'intelligence économique est présente à tous les niveaux. Il faut savoir se protéger et agir en conséquence.

« J'entretiens mon réseau comme un feu ! Je le développe sans cesse pour le fortifier, tout en cherchant à rester sélectif. Je rappelle les gens, je les vois, je sors avec eux. Il faut avoir l'œil et l'oreille aiguisés. Je suis sans cesse à l'affût. »

Et s'il fallait créer une association loi 1901…

La loi du 1er juillet 1901 a posé le principe de la liberté d'association : toute association peut se constituer et fonctionner sans aucune formalité administrative. Toutefois, les associations qui désirent acquérir une certaine capacité juridique devront se plier à certaines formalités.

En fait, la création d'une association réside dans une déclaration officielle d'une association de fait. Il faut pour cela au minimum trois personnes, ayant respectivement pour poste *président, trésorier* et *secrétaire*. La déclaration se fait à la préfecture du département dans lequel se situe le siège social de l'association. Donner corps à cette association impose de remplir et de déposer différents documents.

Si vous désirez créer une association, vous trouverez de nombreux renseignements utiles sur le site www.associationmodeemploi.fr.

Développer le marketing viral

Le bouche à oreille est une méthode de propagation qui fonctionne très bien : grâce ou à cause de lui, une idée bonne ou mauvaise se partage.

Je ne résiste plus à l'envie de vous rappeler là les superbes lignes de Beaumarchais pour évoquer la calomnie dans *Le barbier de Séville* :

« D'abord un bruit léger, rasant le sol comme hirondelle avant l'orage, pianissimo murmure et file, et sème en courant le trait empoisonné. Telle bouche le recueille, et piano, piano, vous le glisse

en l'oreille adroitement. Le mal est fait, il germe, il rampe, il chemine, et rinforzando de bouche en bouche il va le diable ; puis tout à coup (je) ne sais comment, vous voyez calomnie se dresser, siffler, s'enfler, grandir à vue d'œil. Elle s'élance, étend son vol, tourbillonne, enveloppe, arrache, entraîne, éclate, et tonne, et devient, grâce au ciel, un cri général, un crescendo public, un chorus universel de haine et de proscription. Qui diable y résisterait ? »

Avec Beaumarchais, le son devient visible, l'amplitude de la calomnie prend corps.

Si nous savons tous à quel point calomnie, mauvaise rumeur et même médisance sont nuisibles, nous savons aussi que les bons avis donnés par les bonnes personnes sont écoutés, voire suivis. Optons donc pour une communication bien pensée, réalisée par des personnes de qualité sur de bons sujets, et nous approchons du « marketing viral ».

Sur www.fluxus.net, le journal de la nouvelle intelligence, on pouvait lire un article écrit par Seth Godin, auteur de *Permission Marketing*, paru aux éditions Maxima. Seth Godin révèle au grand jour le principe de l'idée-virus : « une idée qui se déplace, qui s'étend et contamine tous ceux qu'elle touche ». Son conseil : chercher une idée-virus et l'imposer car « les grandes idées gouvernent l'économie, les idées font la richesse de certains… et font changer le monde ». Il nous suggère de commencer par « une thèse logique… qui rassemble une poignée d'idées existantes et les transforme en une idée supérieure et nouvelle, cohérente et irrésistible ».

Une fois l'idée-virus identifiée, il vous faut des *nerds*, c'est-à-dire « des récepteurs précoces » qui la diffuseront. D'après l'auteur, nous sommes tous devenus des *nerds* grâce à Internet, car nous sommes informés très vite et donc soumis aux mêmes changements et aux mêmes modes au même instant. Le bon *nerd* est, bien sûr, celui qui est toujours en quête du « dernier truc branché » (mots de Seth Godin).

Enfin, vous allez ajouter à ce premier profil « le contaminateur puissant », c'est-à-dire celui qui, en tant que leader d'opinion, propage des idées. Dernier point : pour que cela marche, il faut encore que votre idée soit fluide. « Rendez votre idée la plus fluide possible, vous pourrez alors accélérer sa propagation de façon spectaculaire ». Seth Godin cite différents exemples dans cet article, dont le cas de www.efax.com. Ce site propose l'envoi de fax par e-mail. Ce service, gratuit à son lancement, a occupé le terrain. En étant le premier à lancer l'idée et à la concrétiser, il a été facile ensuite d'instaurer un paiement pour bénéficier du même service.

Et maintenant, la boucle est bouclée : par la magie de l'écriture et de la lecture, nous nous sommes transformés, vous et moi, en *nerds* et en éventuels contaminateurs. L'idée-virus fait son chemin !

Le réseau dopant

Le réseau dopant est fait de gens inventifs et allant de l'avant, de gens qui ont de l'audace et font confiance aux initiatives des autres. Le réseau dopant est celui où chacun va le sourire aux lèvres et dont il revient dépaysé, le cœur gonflé de joie de vivre et la tête pleine d'idées. C'est le réseau où le participant acquiert confiance dans l'avenir et où de nouvelles recrues arrivent régulièrement. Le réseau dopant vous offre la possibilité d'être créatif et audacieux.

À vous maintenant d'être la tête pensante de ce réseau idéal, insufflant énergie, vitalité et esprit précurseur.

Étape/bilan : définir votre rôle de tête de file

1. Zoom sur vos compétences au cœur de votre réseau actuel ou à venir...

Accordons ce que vous êtes... à ce réseau que vous souhaitez concrétiser ou entretenir.

1. Quels sont vos points forts ?

2. Comment ferez-vous pour motiver votre réseau ?

3. Que voulez-vous encore pouvoir réaliser :
- pour vous-même ?

- pour votre réseau ?

4. Dans la constitution de ce réseau, qu'est-ce qui, a priori, vous paraît être :
- dur ?

- gratifiant ?

- facile ?

5. Pourquoi VOUS au cœur de votre réseau ?

Pour les réponses aux questions 1 et 5, pensez à vous faire des compliments et à imaginer en quoi vous êtes unique.

Pour la réponse à la question 2, vous trouverez des suggestions supplémentaires en page 123 et suivantes.

Prenez le temps qu'il faut pour répondre absolument à la question 3.

Enfin, votre réponse à la question 4 vous permettra de mieux mesurer l'entreprise que vous avez à mener.

Cordonnier ou général

J'ai lu un jour une histoire : celle d'un homme qui a cherché pendant toute sa vie « le plus grand général du monde ». Sa quête est restée vaine sur Terre et, quand il meurt, il arrive au paradis et demande à Saint-Pierre de lui faire rencontrer, enfin, le plus grand général du monde. Saint-Pierre lui dit : « Bien sûr, c'est facile. C'est l'homme que vous voyez là-bas, près du ruisseau. »

Très content, notre homme se dirige vers lui et lui parle longuement. Puis, dépité, il revient voir Saint-Pierre et lui annonce : « Saint-Pierre, vous avez dû vous tromper, cet homme a été cordonnier ». Saint-Pierre lui répond : « Oui, il a été cordonnier mais, s'il l'avait su, il aurait été le plus grand général du monde ! »

Moralité : cordonnier ou général... donnons-nous les moyens de mieux connaître ce pourquoi nous sommes faits.

2. Être l'interface entre les différents membres du réseau

A. Quels sont vos rôles ?		
Vous	Les autres	Le réseau

B. Un réseau pour quoi faire ? Les projets :		
Vous	Les autres	Le réseau

C. Pour vous	
Ce qui est difficile…	Ce qui est valorisant…

3. Créer l'ambiance

1. Comment définissez-vous l'ambiance de votre réseau ?

_____

_____

_____

2. Quelle est sa spécificité ?
- d'après vous ?

_____

_____

_____

_____

- d'après les participants ?

_____

_____

_____

3. Quelles sont les attentes des participants ?

_____

_____

_____

4. Sont-ils amis ?

_____

_____

_____

5. Y a-t-il parfois des conflits à régler ? De quel type ?

_____

_____

_____

6. À quel rythme vous rencontrez-vous ?

7. Ce rythme doit-il évoluer ?

8. Les adhérents de la première heure sont-ils toujours inscrits ?

9. Dans quelle proportion accueillez-vous de nouveaux adhérents ?

10. Au bout de combien de temps les sentez-vous intégrés ?

Partie II

Savoir-vivre du réseauteur

4
●

Changer de vie grâce au réseau

État des lieux : l'entreprise, le solo, la fonction publique et le bénévole

Les salariés des grandes entreprises

Dans les grandes entreprises, les salariés se demandent parfois comment entretenir leurs réseaux et mettre en avant leurs compétences. Cette prise de conscience se vit souvent dans une période où la peur s'installe : peur des mutations, des licenciements, des fusions, des délocalisations, de l'arrivée de plus jeunes, du départ des plus expérimentés...

Le meilleur conseil à donner, déjà, c'est de rester soi-même, d'être souriant, accueillant, chaleureux, et de savoir écouter les autres de manière constructive. Il faut savoir aussi, bien sûr, parler de ses compétences et des réussites obtenues, avec naturel et sans contentement excessif. Des images, des phrases brèves, des preuves concrètes, du bouche à oreille efficace : tout cela peut aider à entretenir une bonne image de vous.

Évidemment, il faut aussi avoir réfléchi aux évolutions de postes ou aux fonctions qui se préparent, avoir repéré ceux que l'on souhaiterait occuper et se préparer à le dire à des décideurs potentiels.

Très concrètement, la courtoisie et la convivialité sont indispensables à la bonne marche de l'entreprise. Si donc vous avez du mal à vivre en société, dommage... car créer du lien est indispensable. En entreprise, vous ne pouvez vous permettre de vivre comme un ours dans sa tanière, détaché des impératifs de la structure.

Si vous avez conscience que la vie en société impose des rites, vous saurez :

- aller saluer les gens que vous croisez ;
- féliciter ceux qui ont entrepris une action difficile ou périlleuse pour eux,
- remercier ceux qui vous ont aidé ;
- donner de manière désintéressée des informations utiles aux uns et aux autres pour la réussite de leurs tâches ;
- fuir les gens agressifs, aigris ou râleurs systématiques ainsi que les diffuseurs de ragots en tous genres ;
- éviter de déjeuner toujours avec les deux mêmes personnes (cela risque de devenir rapidement le clan fermé et peu accueillant qui s'isole ou critique tout le monde) ;
- participer aux événements ludiques mis sur pied par le comité d'entreprise ;
- venir au repas de Noël, etc.

Tout cela peut faciliter la vie en entreprise et mettre en valeur « l'esprit réseau » que j'estime si important à développer. En étant agréable à vivre et compétent, vous allez donner envie aux gens de travailler avec vous.

En revanche, si vous ne savez plus où vous en êtes, si vous vous sentez brouillon dans la connaissance de votre réseau, et si vous vous sentez en péril, dessinez une arborescence dont vous serez le centre. Inscrivez les noms des personnes dans la hiérarchie ou autour de vous qui sont :

- vos alliées,
- celles sur lesquelles vous pensez pouvoir compter,

- vos ennemies,

- les « a priori » neutres,

- les acteurs de l'ombre…

Mettez un code couleur sur chaque rubrique et réfléchissez aux incidences que ces gens peuvent avoir sur vous et votre carrière. Faites la liste des compromis que vous ne ferez jamais car ils sont trop éloignés des valeurs que vous respectez. Différenciez-les des a priori, parfois dénués de fondements, que vous pouvez avoir sur telle ou telle personne. Et prenez les bonnes décisions : un poste n'est qu'un habillage temporel, les gens avec qui vous travaillez ne font parfois que traverser votre vie à un instant T. Sachez garder le respect de vous-même en privilégiant les contacts qui vous évitent de dévier de vos convictions et de votre éthique. Appliquez-vous le raisonnement de Montesquieu :

« Ce n'est pas l'esprit qui fait les opinions, c'est le cœur. »

La vraie difficulté est d'évoluer tout en restant soi-même. Si vous restez à la même place, les autres se détournent de vous et vous dépassent. Si vous avancez en perdant de vue vos valeurs, votre image se ternit et, avec le temps, vous vous estimerez moins. Vos réseaux évoluent. Soyez sur le qui-vive et veillez à évoluer au bon rythme et dans la direction que vous aurez choisie.

Voici un texte que j'ai publié dans un de mes précédents livres. Je l'ai écrit un jour où j'ai trouvé trop lourde la pression que vivent certains cadres ou employés dans l'entreprise d'aujourd'hui. J'avais aussi dans l'idée de soumettre ce texte à mes étudiants pour les sensibiliser à ce que vivent peut-être leurs parents :

« Le temps, soi et la vie »

« Courir, courir ! Galoper et aller plus vite encore ! Maîtriser le passé, le présent et l'avenir ! Tenir les rênes de sa vie et agir sur celle de ses proches ! Se prouver qu'on est utile, efficace et « bien » sous bien des rapports ! Penser à soi, aux autres, au métier, à la société, à la misère ici et là, s'ouvrir à autrui… Être un modèle pour certains… Que de paris ! Que de stress si on se fixe aussi tout cela ! Et pourtant… n'est-ce pas la vie même ? Est-on heureux sans défi, sans objectif, sans aiguillon pour aller plus loin, plus haut ? Et où s'arrêter ? Qui peut le dire ? A quel moment deviner qu'il faut dire : *Stop ! Et mes valeurs dans tout cela* ?

« Notre société va vite et le sur-place devient impossible. Pour être dans la course, il faut bouger au même rythme que les autres, rester en tête même si possible, réveiller ses ardeurs, son imagination, entretenir sa forme et son tonus. Toute la presse vous le dira : place aux générations montantes. Les plus âgés seront des rescapés s'ils se montrent plus inventifs et plus sages que la moyenne, s'ils cumulent à la fois expérience et innovation, s'ils savent être communicants et décidés, s'ils jouent du consensus, du réseau et d'une vision élargie. Les plus jeunes auront leur place s'ils savent s'introduire dans les structures déjà pesantes, montrer leur cœur ou leur hargne à l'ouvrage, innover et donner à l'équipe sans compter.

« Tous ou presque, jeunes ou moins jeunes, dès qu'ils sont ambitieux se laissent prendre au même leurre : confondre l'homme et le poste, l'humain et la fonction. Halte-là ! Gare au retour de flammes ! Que chacun se préserve ! Le poste, la fonction, le statut, le rôle dans l'entreprise, le salaire : tout cela n'est qu'un habillage temporaire. C'est extérieur à soi. La personne lui donne corps, lui donne notre corps, rien de plus. Chacun l'habite, comme un pensionnaire qui peut avoir à partir. En revanche, le beau, le savoureux, le vrai, l'authentique, c'est vous, l'être, la personne. Si vous avancez en âge en valorisant ce que vous étiez fortement dès votre jeunesse, vous vous étoffez et votre carrure dépassera tous les postes. Peu importe donc que l'enveloppe, un jour, devienne trop grande ou trop petite. Dans chacune de vos relations, dans toute activité que vous mènerez, chacun percevra ce que vous êtes fondamentalement.

« Réfléchissez un instant : vos amis de toujours, qu'aiment-ils en vous ? Ce que vous êtes devenu sur le plan social ? Ou ce que vous êtes profondément depuis toujours, avec ces valeurs nobles qui font votre charme ? Bâtir, grandir, aller de l'avant, voir au loin, certes... mais garder l'homme intact et l'embellir au fil des ans. Voici un joli programme, plus glorieux qu'un simple poste rempli. »

Le solo

Le solo, quant à lui, est habitué à comptabiliser seul ses réussites et ses échecs. Impossible pour lui de partager les erreurs avec des subordonnés ou des chefs. Il est partout, il mène tout et personne ne le pleurera s'il dérape. Il est bon ? Ça marche. Il devient moins performant ? Son chiffre d'affaires le lui indique clairement. Il est devenu ringard ? D'autres prennent sa place. Et, bien sûr, s'il réussit, il en récolte directement les fruits. Son enjeu, à l'heure actuelle, est de quitter son statut d'isolé et de s'allier avec sagesse et intelligence avec d'autres solos ou entreprises. Les solos sont nombreux à avoir intégré rapidement cette nouvelle donne incontournable. Le Salon des micro-entreprises et le Salon des entrepreneurs ont pris une place bien importante dans le développement de leur « esprit réseau ».

Le Salon des micro-entreprises organise même, chaque jour du salon, un exercice de *speed meeting*, soit quelques minutes pour se présenter et échanger sur ses compétences professionnelles avec un autre solo, au départ inconnu.

J'ai eu l'opportunité d'interviewer Gilbert Suraud, acousticien, expert près de la cour d'appel de Paris. Gilbert Suraud vient souvent aux formations sur la communication que j'anime, et qui sont proposées par son centre de gestion, France Gestion Professions Libérales, dans le XIe arrondissement de Paris.

Sa profession est atypique : ils ne sont que cinquante, environ, en France à exercer comme experts judiciaires dans la spécialité des nuisances sonores. Son constat sur les réseaux m'a intéressée : « J'ai travaillé longtemps et beaucoup en solitaire, isolé de mes confrères. Puis, je me suis rendu compte que cet isolement était préjudiciable à l'exercice de ma profession. J'ai donc complètement changé mon relationnel et je suis entré en contact avec d'autres experts. J'anime même maintenant des conférences un peu partout sur mon sujet et je partage mes connaissances avec d'autres. Cela m'a ressourcé de travailler ainsi. Je suis incapable de dire si ce nouveau mode de fonctionnement m'a apporté de nouvelles affaires. Je constate cependant que je traite des affaires plus importantes qu'avant… Je suis appelé dans toute la France alors qu'auparavant mon périmètre d'intervention ne dépassait pas 200 kilomètres autour de Paris. J'ai même, depuis plusieurs années, des missions judiciaires à l'étranger. »

Les salariés de la fonction publique

Les salariés dans la fonction publique, quant à eux, doivent fréquemment développer un esprit réseau. Bon nombre de fonctionnaires ont ce rôle de maillon au service du grand public car de nombreux services de l'État travaillent dans une logique interministérielle et partenariale. Le travail en réseau, à l'évidence, concerne fortement :

- le domaine social où de nombreux intervenants ont à formuler des opinions de poids,

- l'environnement où l'État est en liaison entre autres, avec les élus, les associations, etc.,

- la politique de l'emploi car l'État se concerte avec les chambres consulaires, les collectivités régionales, départementales, etc.

Le Préfet, rappelons-le, dirige les services déconcentrés de l'État ; depuis peu, il doit même animer des pôles régionaux de compétences. Il a aussi un rôle d'arbitre sur des thématiques « croisées » telles que l'environnement, l'eau, la protection de la nature, l'urbanisme, la promotion de l'emploi, etc. Il peut devoir les mettre en relation avec tous les services de l'État et organismes associés mais aussi et surtout avec les élus, les entreprises, les particuliers, etc.

Certains rôles sont donc densifiés par cette obligation d'irriguer des réseaux en interne et en externe. Je le vois fréquemment dans des ministères où des informations deviennent capitales tant pour des services internes que pour d'autres entités qui couvrent le territoire. Ainsi, en matière de sécurité et pour faire face à des situations de crise touchant de nombreux circuits, il est indispensable d'avoir des réseaux bien irrigués. Pour faire face à des événements tels que le 11 septembre new-yorkais, différents pôles doivent travailler efficacement ensemble, par exemple, pompiers, samu, police... bien sûr, mais aussi : sécurité (délinquance), sécurité routière, anticipation et gestion de crise, sécurité juridique interservices, etc.

Le travail en réseau peut paraître lourd et long car il impose une concertation préalable intense. Mais les décisions prises sans cette conscience du réseau ont des conséquences bien plus lourdes à gérer encore. Le travail en réseau permet d'anticiper sur de nombreuses situations et, au final, de réduire les risques ou dommages.

Le bénévole

Le bénévole connaît bien le monde des réseaux. Il s'en est choisi un dans lequel il est actif, sans étiquette, attendu, apprécié, aimé d'emblée tel qu'il est. Les associations de bénévoles sont actives et fortement efficaces si elles cumulent en leur sein des compétences variées et nombreuses.

En revanche, le bénévole qui occupe par dévouement un poste qui pourrait être occupé par un salarié n'a souvent pas bonne presse. Il se culpabilise parfois, et peut même se sentir à terme exploité par un pseudo-employeur, profiteur de talents gratuits. Cette situation-là ne peut donc qu'être provisoire : elle peut servir de rampe de lancement aussi bien pour l'entreprise que pour le bénévole lui-même. En tout cas, si la situation est claire pour les deux partis, c'est un réseau fort qui peut se mettre en place pour l'avenir : l'un et l'autre se connaissent, s'apprécient et peuvent compter l'un sur l'autre.

David contre Goliath

En décidant de changer de vie grâce au réseau, vous êtes de plein pied dans le XXIe siècle. Car la société s'est élargie : les *trusts* internationaux font la une des journaux. Le monde est là, sur notre écran et dans notre agenda ; il nous grise et nous affole, et les individus que nous sommes courent le risque de se laisser submerger. Pour rester émergés et devenir même conquérants à notre tour, nous avons besoin de nous sentir forts : en tissant le maillage solide du réseau, nous devenons grands et larges, prêts à récolter la manne.

Actuellement, en France, travaillent 1 900 000 solos : individuellement, ils paraissent bien isolés, bien petits, et pourraient ressembler à des fourmis affairées. Ensemble, en réseau, actifs et entreprenants, ils peuvent lutter la tête haute avec les structures géantes. David contre Goliath a toujours su séduire... Et le réseau devient fort, irrigué, bien nourri, attentif, curieux et souple : l'avenir sera « réseau-né », car truffé de gens « réseaux-nables » et inventifs.

Notre conception des distances, des frontières et du temps a changé. De même évoluent nos représentations du savoir, de l'information et de la compétence car ces trois éléments sont maintenant diffus et disséminés dans de multiples lieux. Cet écla-tement temporel et spatial des connaissances et des énergies change la donne. Par conséquent, même le pouvoir revêt des formes nouvelles et surprenantes : notre société, alimentée de réseaux, le prouve déjà.

Exister grâce à lui ?

Certaines missions, certains métiers font exister l'individu uniquement à travers le réseau. Sans ce dernier, il existe des tâches qui sont alors vidées de sens, ce qui peut provoquer chez certains individus l'idée qu'ils n'ont pas d'existence propre. Lorsqu'ils quittent une fonction où ils se sont sentis au cœur d'un réseau, ils peuvent se sentir perdus, inutiles. De toute urgence, il faut alors se réinvestir dans d'autres activités ou d'autres réseaux. L'entourage immédiat, c'est-à-dire les réseaux de base que nous avons tous (famille, amis, voisins...), doit alors prendre le relais et redonner au quidam son statut de maillon utile au sein de nombreux réseaux. Il y a mille manières différen-tes d'être utile aux autres et de vivre en réseaux irrigants et irri-gués.

J'ai le souvenir de deux hommes, fonctionnaires haut placés, qui sont venus me voir à la fin d'une de mes conférences pour me dire : « Nous avons tissé un réseau en or qui ne nous servira malheureusement jamais en dehors de nos fonctions. Il nous est impossible de nous en servir pour nourrir une ambition person-nelle ailleurs que dans l'entité où nous nous trouvons. » Cela s'appelle la déontologie.

Une vie après…

Quitter un métier pour un autre est parfois douloureux, mais c'est aussi aller vers une autre culture, s'enrichir intellectuellement et affectivement d'autres découvertes. Il faut alors se reconstruire, croire en soi, faire le point sur son potentiel, ses projets oubliés, ses rêves à rendre accessibles ou à abandonner. C'est souvent, a posteriori, une période utile car elle a permis de mettre au clair ses objectifs, de redonner une cohérence à une vie en perte de sens. Les virages, dans une vie ou dans une carrière, sont porteurs de richesse et d'horizons nouveaux même s'ils sont délicats à prendre. Si la vie (professionnelle, par exemple) était toute droite, toute tracée, quelle terrible routine nous vivrions tous ! Et plus nous vivrons d'expériences professionnelles différentes, plus nous découvrirons de réseaux.

Les conseils de Charles-Henri Dumon

Voici quelques idées proposées par Charles-Henri Dumon, PDG de Michael Page France :

« Considérez-vous comme une entreprise et menez votre carrière comme une entreprise ; dotez-vous d'un conseil d'administration, pas forcément des amis mais trois ou quatre personnes que vous avez pu rencontrer : un ancien professeur, un avocat, etc. et invitez ces gens à déjeuner deux fois par an pour leur parler de votre carrière, de vos idées… (Puis vous leur rendrez la pareille). Ainsi, vous n'êtes plus seul face à vous-même à parler de votre carrière à un conjoint, des parents ou des amis. Le conseil des parents est peu profitable parce que « la carrière à la Papa » est obsolète… Le conseil des amis est hasardeux à suivre parce que certains vous jalousent, d'autres vous proposent des solutions qui leur conviennent à eux mais pas à vous… enfin le conseil de votre moitié est toujours délicat car certaines considérations peuvent être sentimentales, financières, etc. et être divergentes dans le couple. Du coup, le réseau vu comme un conseil d'administration peut aider car ces gens-là prendront du recul.

« Gérer sa carrière aujourd'hui est difficile car il y a une accélération des mouvements de l'entreprise : les individus sont obligés de se remettre en cause tous les ans, voire tous les six mois.

« Beaucoup de candidats, vivant des problèmes de carrière, oublient de s'interroger sur eux-mêmes. L'avantage de ce réseau est aussi celui-là : les gens du réseau vont lui dire « Fais une introspection ». Car certains candidats se contentent d'affirmer volontiers : « Je n'ai pas réussi à cause de mon chef ». D'autres nous reprochent leur problème de carrière « Vous ne m'avez pas appelé, vous ne m'avez pas proposé un poste, etc. » ou encore, après un an de recherche de job, ils vont dire « Les gens n'arrivent pas à me juger à ma juste valeur ; les consultants de Michael Page sont trop jeunes ». Et moi, je constate qu'ils arrivent en rendez-vous avec les ongles noirs ou les chaussures mal cirées et quand je leur signale cela, ils me disent : « C'est scandaleux, vous jugez sur l'image. »... Mais le client juge comme cela, sur l'image d'abord, et le savoir-être et ce que vous avez à l'intérieur de vous ne se voient qu'après coup. Le client s'arrête d'abord à l'apparence. En plus du diplôme, il faut maintenant avoir la cravate droite et être bien peigné. Or, en France, les gens font peu d'efforts. »

« Le réseau est un bon étalonnage. Les gens ont du mal à se situer. Pour la gestion de leur carrière, ils gardent les pieds sur terre grâce à leur réseau car, en parlant aux autres, ils se rendent compte qu'ils sont plutôt mieux lotis que d'autres. Un conseil que je donne parfois aux démotivés : « Appelle dix de tes amis. Parle avec eux, vois ce qui leur arrive dans leur entreprise et fais le point ». Cette comparaison avec d'autres ambiances montre qu'il vaut mieux parfois être ici qu'ailleurs. Pour étoffer un réseau, je suggère aux gens de demander à cinq amis de leur donner le nom d'une autre personne. Si ces amis ne donnent aucun nom, ce ne sont pas des amis.

« Autre idée majeure : « Évitez de voir vos amis uniquement lorsque c'est trop tard ». Il est impossible de prendre contact avec les gens au bout de dix ans pour leur demander quelque chose. Par exemple, moi, j'adore la chasse. Et j'ai un réseau d'amis qui partagent cette même passion. Nous y allons ensemble pour notre plaisir et non pour faire des affaires. Cependant, nous savons qu'un jour nous pourrons nous appeler si nous en éprouvons le besoin parce que nous partageons une passion commune depuis longtemps. Si vous invitez les gens de votre réseau simplement parce qu'ils sont présidents d'une entreprise, votre réseau sera très fragile. Si vous invitez les gens à la chasse, au golf ou à une partie de tennis et que, d'emblée, vous demandez quelque chose, vous serez maladroit et inefficace. Le long terme est capital. »

Des contacts à garder

Bouger, c'est aussi doubler sa chance de faire du réseau. Encore faut-il savoir partir en entretenant son réseau ancien. Actuellement, trop de départs se font dans l'aigreur, l'espoir de revanche, le dépit, le règlement de comptes ou le bras de fer. Difficile alors de garder la tête haute de part et d'autre. Et pourtant, la situation professionnelle a parfois créé des modes de fonctionnement qui ne sont pas reproductibles dans d'autres contextes. Tout contact peut, à l'avenir, apporter un autre contact.

Mon conseil : partir le plus souvent en bons termes, la tête haute, en laissant à ceux que l'on a apprécié à la fois les coordonnées personnelles et les éventuelles nouvelles coordonnées professionnelles. Il faut que ceux qui vous ont estimé puissent vous retrouver dans les deux contextes, au cas où de nouveau des changements brutaux interviendraient dans votre situation. Prenez le temps d'envoyer encore vos vœux quelques temps ou une photo du dernier-né à vos amis dans votre précédente entreprise. Faites du réseau avec naturel même si cela vous paraît vain ou pénible. Tout contact peut donner des résultats deux ans plus tard.

Les spécialistes de l'*out-placement* vous diront tous qu'il faut réussir à obtenir de vos contacts directs des recommandations pour entrer en contact avec les milieux qui vous intéressent. Soyez subtils dans cette demande : donnez envie que l'on vous recommande. La technique est tellement grossière et systématique que certains utilisateurs en deviennent maladroits. Travaillez votre demande, soyez attentifs à ceux à qui vous la faites, sachez être généreux pour que ce soit vécu par l'un et l'autre comme un début d'alliance et non comme un affranchissement de corvée incontournable. Soyez vrai dans vos contacts. Vous êtes dans une relation, quelle qu'elle soit, d'égal à égal : il n'y a pas un

« puissant installé dans une grosse boîte » et vous, un pauvre *out*. Il y a deux personnes, avec leurs richesses et leurs apports personnels, deux intelligences qui se rencontrent et qui peuvent avoir des idées ensemble pour bâtir un avenir. Et souvenez-vous : la roue tourne… Alors, demain, pour vous…

La vie est longue

Je suis souvent frappée par l'aveuglement qui a précédé le changement brutal vécu par les employés qui perdent leur emploi. Ils ont traversé et supporté de grandes souffrances : mise à l'index, perte de pouvoir, perte de confiance, perte de contacts, mise « au placard », désinformation et bruits de couloir, dévalorisation, harcèlement moral parfois… Et la peur de partir vers un monde encore inconnu, qui les coupera de leurs acquis, les a rendus tout à la fois forts pour supporter tous ces préjudices, et faibles pour envisager qu'une vie existe ailleurs, peut-être plus intéressante ou plus stimulante. Cette attitude n'est pas l'apanage de gens spécialement fragilisés… elle est très répandue. Ces changements pressentis anesthésient les salariés et la rupture est souvent vécue comme un cataclysme individuel. Malgré ces grandes souffrances, la vie est longue et doit continuer. Ce n'est pas parce que l'avenir va être différent qu'il sera moins bien. Au contraire, rompre avec une souffrance installée peut apporter du répit et il est alors plus qu'urgent de réveiller ses réseaux et d'en activer de nouveaux.

Voici le conseil de Charles-Henri Dumon PDG de Michael Page France, pour la recherche d'un nouvel emploi

« Des livres comme les vôtres sont les bienvenus parce que le Français n'est pas très bon sur le réseau. Les réseaux peuvent se mettre en place dès la classe de sixième. Nous devrions le dire davantage à nos enfants. Les Anglo-Saxons enseignent cela très tôt aux jeunes et ils échangent leurs cartes de visite à tout va, dès le plus jeune âge. Le Français, souvent, ne se soucie de son réseau que lorsqu'il a un problème. Or le réseau s'entretient, se crée dès lors que l'on peut apporter quelque chose à l'autre. Voici une statistique importante :

- *40 % des jobs trouvés en France le sont par l'intermédiaire de réseaux et de relations,*

- *15 % sont traités par les cabinets de recrutement en France contre 85 % en Angleterre.*

Les candidats qui viennent nous voir ont souvent des attentes démesurées par rapport à ce que nous pouvons leur apporter... alors que l'appel au réseau reste encore dans notre pays un excellent moyen de trouver une situation.

Je dis aux candidats : « Vous avez, entre autres, une piste qui est Michael Page et qui s'ajoute à vos pistes personnelles ». Le chiffre de 85 % en Angleterre s'explique parce que les gens considèrent le cabinet de recrutement comme un vrai conseiller de carrière. C'est la même démarche aux États-unis : un candidat ne peut pas penser trouver un job sans un cabinet de recrutement. En revanche, en France, les candidats les sollicitent peu. »

L'attitude des Français peut venir à la fois d'un manque d'utilisation du réseau mais aussi d'une crainte du réseau. Ils manquent d'audace pour venir voir un cabinet de recrutement avant le licenciement parce qu'ils craignent que le bouche à oreille fonctionne et fasse comprendre à leur hiérarchie qu'ils ont envie de partir. Cela instaure une sorte de frilosité…

Pour Charles-Henri Dumon, cela joue, certainement, pour des raisons de confidentialité. Voici un conseil qu'il donne aux jeunes : « Après deux ou trois années d'expérience, essayez de vous constituer un réseau de trois cabinets de recrutement, chasseurs de tête ou cabinets d'intérim avec lesquels vous passez un entretien par an, et cela même si votre carrière va bien. Vous pourrez ainsi demander conseil, comprendre l'évolution du marché et vous faire connaître. Notre métier ne se résume pas à placer des gens et à gagner de l'argent. La finalité de notre métier est d'aider les gens à être bien dans leur carrière professionnelle. Michael Page ne cherche pas uniquement la réussite et le développement. Nous nous donnons aussi comme mission d'aider les gens. Cet objectif, pour nous tous, est fondamental. C'est une fonction d'humaniste. »

D'après moi, le site www.MichaelPage.fr reflète cela. Il propose des tests pour mieux se connaître : l'internaute a besoin qu'on lui parle de lui. A travers ce site, on parle bien sûr de Michael Page mais on parle aussi de l'internaute. Les visiteurs vont y faire le point sur leur carrière et les jobs proposés.

Le temps pour la réflexion et le plaisir à réveiller

Le temps pour la réflexion et le plaisir à réveiller est venu : que voudriez-vous que votre vie devienne ? Quels sont les réseaux qui vous aideraient à lui donner corps ? Ne soyez pas trop long-temps nostalgique du passé. Profitez-en pour préparer l'avenir en bâtissant un réseau avec des gens de tous âges. Nicole Saunier Gormezzano, consultante, met en garde contre le fait que nous avons souvent l'âge de notre réseau. Ciblez une pyramide des âges large.

Le conseil de Charles-Henri Dumon pour entretenir son réseau

Charles-Henri Dumon, lui, conseille de rester en contact avec les jeunes. Il m'a cité une phrase de Frédéric Dard qui l'a marqué et qui, approxima-tivement, est : « Évite de donner un coup de pied à un jeune parce que l'on ne sait jamais ce qu'il va devenir ; pour un vieux, on sait déjà ». Il ajoute cependant que les plus anciens ont une sagesse et un recul formi-dables sur les choses et surtout qu'ils lui ont beaucoup appris sur les rela-tions humaines. D'après lui, le réseau demande un effort, s'entretient et se bâtit sur le long terme. Certaines personnes n'en ont pas conscience et se disent : « Je vois mes amis, cela me suffit ».

Voici quelques pistes qui lui paraissent incontournables : « Nous conseillons à nos consultants d'inviter les clients une ou deux fois par semaine dans les salles à manger que nous avons ici, justement pour se constituer ce réseau, rester proches des clients et des candidats. Nous leur suggérons même de proposer ces invitations pour de simples échanges culturels ou pour discuter de l'actualité.

La base serait d'être adhérent à un club de loisirs et à un club profession-nel. Il existe un bon club, aussi, sur lequel il est utile de s'appuyer : le club des anciens. Les gens se souviennent souvent avec nostalgie d'une période d'enfance, d'adolescence ou de vie estudiantine. Avoir partagé avec quelqu'un des périodes de fêtes et de construction de personnalité ne s'oublie pas : les retrouvailles tardives sont souvent chaleureuses. Enfin, se créer une page Web présentant son parcours professionnel. »

D'après lui, les réseaux sont le sel de la vie, les rencontres sont un moyen de s'enrichir. Les réseaux méritent que nous y consacrions du temps.

Et si le monde du travail revalorisait le mot « travail » ?

Le travail, voici un mot qui n'a pas toujours bonne presse. Bosser beaucoup, y trouver même une certaine satisfaction, voilà encore quelques principes jugés assez ringards. Tant d'émissions nous font rêver d'argent facile… Il faut être fou pour oser dire que l'épanouissement peut naître de l'intelligence en mouvement. Notre société fait l'amalgame entre les métiers pénibles et les autres, entre les gens rapides et les lents, entre les innovants et les « plans-plans » !

Veillons à nuancer l'ardeur au travail, l'implication dans certaines tâches, et revalorisons le mot « travail » pour tous ces jeunes qui ont besoin d'entrer dans la vie active. Travailler apporte souvent plus qu'un salaire : cela nous donne un statut, nous incite à réaliser des objectifs, à voir plus grand plus loin, et nous fait intégrer des réseaux qui peuvent être influents et passionnants.

Les nouveaux conquérants du Continent du milieu

L'Europe pourrait être, à sa manière, le Continent du milieu (parodiant l'Empire du milieu asiatique !) : le milieu drainant et irriguant les autres continents. Encore faudrait-il que son économie croie à son potentiel. Il faudrait aller vite et le recrutement des talents devrait pouvoir s'accélérer et dépasser nos frontières. Le réseau du Web y verra tout son sens, *booster* de carrière mettant en relief un réseau européen.

Étape / Questions-réponses : pour créer la bulle d'oxygène

Comment allez-vous étoffer et faire vivre votre projet professionnel ?

_____

_____

_____

Quels sont les gens que vous avez perdus de vue et que vous souhaiteriez revoir :

• sur le plan professionnel ?

_____

_____

• sur le plan familial ?

_____

_____

• sur le plan social ?

_____

_____

Quels sont ceux que vous jugez intouchables :

• sur le plan professionnel ?

_____

_____

• sur le plan familial ?

_____

_____

- sur le plan social ?

_____

_____

Quels sont ceux qui n'ont pas répondu à l'appel et pourquoi ? (mésentente avec vous, course au temps, proximité et concurrence éventuelles, absence de besoins de l'un ou de l'autre…)

_____

_____

_____

Quelles sont vos prochaines cibles ?

_____

_____

_____

Comment voyez-vous votre métier demain ?

_____

_____

_____

5.

Bien vivre en réseaux

Réveillez votre réseau et donnez-lui des couleurs !

Et si je ne suis ni cibiste, ni franc-maçon, ni religieux pratiquant, ni golfeur, ni…

Je devine là vos angoisses : « Ils sont tous en réseau et pas moi ! Je vais être asphyxié ! » Allons ! Vous aussi, réfléchissez, bien sûr vous en avez plusieurs !

Déroulons le fil rouge ensemble et cherchons : voici quelques questions qui vont vous aider à repérer dans votre histoire passée et présente des amorces de réseaux.

Vous pouvez répondre à ces questions dans le désordre ; l'essentiel est de vous les poser toutes et qu'elles en fassent éventuellement surgir de nouvelles.

Étape / bilan - Arrêt sur image : Vous au cœur d'un réseau

1. Définissez votre rôle :

• personnel ;

_____

_____

• social ;

_____

_____

• professionnel.

_____

_____

2. Quelles sont les différentes facettes de :

• votre vie :

_____

_____

• votre activité :

_____

_____

• votre personnalité :

_____

_____

3. Qu'êtes-vous en train de réaliser sur le plan professionnel ?

_____

_____

_____

4. Que souhaitez-vous réaliser sur le plan personnel ?

_____

_____

_____

5. Quels étaient vos rêves de jeunesse ?

_____

_____

_____

6. Quelles personnes connaissez-vous qui vous sortent des sentiers battus que vous arpentez sans cesse ?

_____

_____

_____

7. Si votre passé pouvait être revécu, qu'entreprendriez-vous en priorité ?

_____

_____

_____

8. Qu'est-ce qui plaît dans votre tempérament ?

_____

_____

_____

9. Pensez-vous que, parfois, une de vos qualités « dérange » ?

_____

_____

_____

J'imagine déjà qu'il vous est bien difficile de trouver certaines réponses. J'ai vu, chez mes stagiaires, le même embarras quelques minutes durant. Puis, une fois que la réflexion est lancée grâce à une des questions, l'ensemble plaît. Prêtez-vous à cet exercice qui vous force à pratiquer l'introspection, et vous vous cernerez mieux. Vous constaterez peut-être aussi que vous ne pouvez pas répondre ou que vous n'avez pas besoin de répondre à toutes les questions.

Si vos réponses impulsives vous font passer d'un domaine à un autre, prenez en acte : à vous de rebâtir le fil conducteur ou de faire le point sur les écarts entrepris.

Enfin, dans les rubriques 8 et 9, vous avez peut-être été tenté d'écrire quasiment les mêmes mots. Tirez-en des conclusions personnelles constructives et toujours positives !

Le pense-bête du bon réseauteur : 40 nuances pour une palette de réseau-né

1. Sachez parler de vous tantôt de manière concise, tantôt de manière précise

Lorsque la parole vous est donnée pour que vous vous présentiez, vous êtes le seul à pouvoir décider si vous allez parler trente secondes, une minute ou trois. Vous vous adaptez au contexte, au temps de parole pris par les autres, à ce que vous croyez être la norme : d'où l'importance des quelques mots que vous allez dire.

Qui peut mieux vous vendre que vous-même ? Qui saura mettre en valeur ce que vous êtes fondamentalement ? Votre douce moitié, l'élu(e) de votre cœur saurait le faire ? Tant mieux pour vous... Malheureusement, dans la vie, il est parfois difficile d'imposer à l'autre de rester à nos côtés, prêt à faire l'article le moment venu. Il faut donc savoir parler de soi et en parler bien. Ayez prévu un discours long et un discours bref, la phrase laconique et essentielle... et les détails qui vont ravir et emporter l'adhésion. Sachez parler de vous tel l'accordéon : tantôt mille idées, tantôt une seule. Utilisez les métaphores, le vocabulaire imagé : soyez concret, que chacun puisse voir ce que vous êtes.

2. Aidez l'autre à mémoriser votre nom

Sachez que les noms et les prénoms sont généralement un casse-tête à retenir pour ceux qui vous découvrent pour la première fois. Si votre nom est difficile à mémoriser, vous devez aider vos interlocuteurs à le fixer. Veillez à accentuer la prononciation de la première lettre, celle qui sert à vous classer dans un annuaire et qui est donc essentielle pour que l'on vous retrouve.

Si votre nom est aisément concrétisable, par exemple Dauphin, Hautefeuille, Longpré, etc., cela sera plus facile pour celui qui vous écoute. Il vous suffit alors de donner du relief à votre nom dans votre présentation et le tour est joué.

Si votre nom a toujours paru difficile à mémoriser et si vous avez le souvenir qu'à l'école, déjà, les enfants s'amusaient à le transformer, usez de cela pour aider les gens à le mémoriser aujourd'hui. Il faut offrir aux autres des procédés mnémotechniques car rares sont ceux qui osent demander à une personne nouvellement rencontrée de répéter ou d'épeler son nom.

3. Votre prénom d'abord

Enfin, ayez la simplicité de dire votre prénom d'abord : c'est votre identité originelle la plus évidente, celle qui vous rend unique et qui touche au cœur. De plus le prénom est prévu pour être dit avant (=pré) le nom.

4. Parlez de vos spécificités passées et aussi de vos projets

Lorsque vous vous présentez, sachez parler aussi bien de votre passé que de vos projets. La notion de trajectoire est intéressante chez l'autre. Qui est-il ? D'où vient-il ? Où va-t-il ? Nous savons à peu près bien parler du passé, mais savons-nous dire ce que nous souhaitons entreprendre ? Comment le dire pour que l'autre devine qu'il peut être mêlé à ce devenir ?

5. Ayez réfléchi à votre propre cohérence, à votre ossature

Ainsi chacun a une ossature, une cohérence entre les entreprises passées et les projets à venir. À vous de mettre en valeur cette ossature et cette cohérence et de les rendre évidentes pour l'autre : « Dans mon passé, j'ai fait *ceci* et cela m'a amené à *cela* aujourd'hui et si je regarde l'horizon, je prends conscience que demain je vais vers ce nouveau cap à franchir.» Et tant mieux si vous avez eu des virages à prendre, ils ont étoffé votre savoir-faire. Ils vous ont rendu unique.

Vous pourrez inciter les autres à vous faire confiance si vous êtes sincère, clair sur vos objectifs et vos projets, et même sur vos incertitudes (car comme tout le monde vous en avez !).

6. Identifiez, à propos de vous-même, le message essentiel à faire passer ou sachez vous définir par une phrase, une image, un slogan, une métaphore

Allez, je me jette à l'eau : deux métaphores citées page 83 sont de mon cru. Pour mon métier de formateur, je me sens aussi comme « un révélateur de talents… », « un accoucheur d'idées… », « un trait d'union… », « un navigateur qui arrime sa barque quelque temps quelque part et qui va travailler avec les habitants de ce rivage », etc. L'une ou l'autre définition me sert selon les contextes.

À vous de trouver des images qui puissent illustrer aisément ce que vous faites. Il suffit parfois de repenser à votre itinéraire, à votre spécificité, à ce qui vous rend unique, à ce que vous apportez à votre entourage… Simple, non ? Il vous faudra peut-être une heure, une semaine, un mois, six mois pour trouver ce qui illustre votre personnalité et votre projet.

7. Gérez le temps et la confiance en autrui

Évitez les jugements hâtifs qui vous incitent à « cataloguer » un peu trop vite quelqu'un, en bien ou en mal. Sachez qu'à la troisième rencontre, vous en saurez plus sur cette personne et vous saurez alors mieux si vous souhaitez l'intégrer à votre réseau.

8. Restez connecté où que vous soyez

Si vous partez vivre loin, connectez-vous sur un réseau via le Web pour trouver des gens qui vous accueilleront (reportez-vous à la page 175).

128

9. Préservez l'autonomie de chacun

Travailler avec vous dans le cadre d'un réseau doit se faire avec légèreté. Pensez à préserver la soif d'indépendance et d'autonomie des autres. Comme dans le cadre d'une bonne délégation, vous n'êtes pas obligé de tout connaître, de tout savoir sur tout et sur tout le monde. Lâchez prise et soyez présent, avec élasticité : vous n'en serez que plus apprécié. À l'écoute, disponible, actif mais surtout pas envahissant ou vous comportant en « petit chef » !

Pour motiver votre réseau, accompagnez-le vers le changement en veillant à ce que vous gardiez tous une communauté d'intérêt et de moyens.

10. Entretenez votre mémoire des noms et des visages

Lorsque vous rencontrez quelqu'un, mettez en marche vos moyens mnémotechniques pour pouvoir mémoriser définitivement l'identité de cette personne, nouvelle pour vous.

Voici quelques « trucs » :

- Bien observer le visage qui se présente à vous et repérer dans ce visage ce qui, pour vous, sont ses traits dominants. Soyez bien présent dans cette relation qui se noue avec l'autre.

- Si vous entendez un prénom franchement original, vous vous en souviendrez certainement avec facilité car notre mémoire fixe mieux l'insolite que le routinier. Encore faut-il se le répéter mentalement et laisser libre cours à l'émotion que ce prénom réveille en vous.

- Si le prénom est courant et si, par chance, vous connaissez quelqu'un d'autre qui porte ce même prénom, faites surgir mentalement cette autre personne aux côtés de celle que vous venez de rencontrer. L'association virtuelle et insolite de ces deux personnes vous aidera à fixer le prénom dans votre mémoire.

- Les noms de famille sont souvent difficiles à mémoriser car ils représentent une abstraction. Il faut donc, pour les enregistrer, opter pour un procédé ludique. Ce nom abstrait doit absolument devenir concret : vous devez donc laisser votre imagination se débrider et, à toute allure, décortiquer le nom pour fabriquer un scénario marquant. C'est ainsi que Monsieur Polanski devient « Paul en ski » et je le visualise sur les skis de Paul, ou que Madame Montauban me fait penser à la ville que je connais ou devient Madame « monte au banc », etc. À chacun ses histoires, l'important ici sera le résultat de votre travail de mémorisation.

11. Gardez vos anciens répertoires téléphoniques

Avez-vous pris conscience que vos anciens répertoires téléphoniques regorgent de pistes ? Tel ami à telle époque peut aujourd'hui vous apporter l'aide dont vous avez besoin. Tel autre peut vous ouvrir telle porte dont vous ignoriez jusqu'à cet instant l'utilité pour vous. Les anciens carnets d'adresse sont aussi vos tranches de vie successives ; ils sont des outils pour l'entretien de votre mémoire.

À l'heure de l'électronique, peut-être avez-vous un carnet d'adresses sur ordinateur : soyez donc prudents avant de vous débarrasser d'anciennes coordonnées.

12. Rendez parlantes les cartes professionnelles que vous recevez

Marquez sur les cartes professionnelles la date, le lieu de la rencontre et éventuellement le projet de l'autre lorsqu'il vous donne la sienne. Et, pour les moins physionomistes d'entre vous, ajoutez quelques précisions sur les particularités du visage que vous avez regardé. Puis sélectionnez les adresses que vous souhaitez ajouter dans votre carnet d'adresses électronique.

13. Révisez régulièrement les cartes professionnelles qui vous ont été données

Entretenez votre mémoire ; furetez de temps à autre dans cette « bible » personnalisée. Au moment de vos vœux de fin d'année, vérifiez si certaines de ces personnes auraient intérêt ou plaisir à recevoir vos vœux.

14. Soignez les échanges de carte

Soyez parés en ayant des cartes dans votre mallette ou dans votre poche : c'est fou le nombre de gens qui vous demandent spontanément vos coordonnées. Donnez, donnez sans compter : vous semez et bientôt vous récolterez.

15. Créez-vous une carte personnelle

Deux personnes m'ont dit : « Avant, j'aurais pu vous donner ma carte de visite. Maintenant, je suis sans activité et il faut que je prévoie une nouvelle carte de visite : il faudra qu'y figurent mon identité et ma spécificité, sans que je fasse référence à une entreprise. »

Cette formulation, sur une carte de visite, d'un domaine d'expertise ou d'un savoir-faire me paraît très pertinent. Cet exercice devrait même être anticipé et pensé, indépendamment de toute urgence.

16. Envoyez des cartes de vœux

Voici un moyen facile de faire parler de vous ! Vous devez bien sûr envoyer votre carte de vœux pour l'année nouvelle à tous vos clients passés, mais aussi aux prospects que vous avez ferrés et enfin à vos pairs, tout au moins ceux que vous appréciez. Ces derniers sont souvent des apporteurs d'affaires s'ils sentent qu'ils peuvent travailler avec vous en confiance. De plus, vos homologues sur le marché sont comme vous, parfois hésitants ou assurés, parfois débordés ou peu sollicités. Bref, ce que vous vivez, ils le connaissent et peuvent vous offrir du réconfort et un regard autre sur votre activité.

Mini-conseil : une carte de vœux personnalisée se prépare dès septembre ! Et il faut qu'elle soit reçue avant le 31 janvier... ou même avant si vous espérez recevoir une réponse !

17. Rédigez des articles dans les journaux spécialisés, locaux ou régionaux

Si vous saviez comme les journalistes sont heureux que les thèmes d'articles viennent à eux ! C'est parfois si dur de se renouveler à date fixe ! Profitez-en : vous avez une idée ? Vous souhaitez que quelqu'un en parle ? Appelez les journaux locaux et les « feuilles de choux » : vous serez sûrement bien accueilli. Et si ces journalistes viennent à vous, ne faites jamais la fine bouche, remerciez, donnez quelques idées : un jour viendra où vous en sortirez grandi...

18. Inscrivez-vous à des conférences

De nombreuses conférences ont lieu partout. Il est souvent possible de s'y inscrire parfois même gratuitement. Toutes ces occasions de rencontrer des gens sont porteuses de contacts intelligents. Si vous travaillez sur l'écrit, vous pouvez rencontrer des personnes exerçant un métier dans un domaine proche du vôtre comme l'imprimerie, les manifestations culturelles, le cinéma, l'interprétariat, etc. À vous de trouver les sujets proches du vôtre qui vont être l'occasion de liens nouveaux.

19. Allez si possible à tous les cocktails professionnels où vous êtes convié, vous y êtes attendu

Aller à des cocktails, quels qu'en soient les sujets, permet de nouer des contacts et de se faire connaître. Si ce cocktail touche directement votre profession, bien sûr, il est agréable d'y être convié et d'honorer l'invitation. Si ce cocktail ne concerne pas directement votre profession, vous serez différent, hors normes et donc sans concurrent : terrain royal pour lancer des pistes et agrandir votre réseau.

20. Croisez vos différents réseaux

Formalisez votre réseau : faites que les gens se rencontrent, qu'ils aient des outils de communication et des temps d'échange. Pour cela, organisez des événements : fêtes spécifiques, anniversaires, portes ouvertes, visites de lieux professionnels, etc.

21. Adhérez et soyez actif dans un club ou dans des associations déjà constituées

De nombreux clubs vous attendent : aussi bien les clubs professionnels que les clubs sportifs, les associations d'anciens élèves ou encore les associations autour d'un hobby comme : le Club de la maison de la chasse et de la nature, le Club des croqueurs de chocolat,...

22. Réactualisez le réseau en intégrant sans cesse les données nouvelles le concernant

Prévoyez un système de mise à jour régulière, par exemple, grâce à un site Internet : plus vous opterez pour un outil moderne, plus les mises à jour seront rapides et faciles à faire car prises en charge par plusieurs adhérents.

23. Allez vers les métiers voisins du vôtre et tentez de créer des ponts, des liens

Au lieu de rester immergé dans votre domaine de compétences, allez pousser la porte des métiers voisins du vôtre. Vous apprendrez beaucoup en découvrant d'autres professions qui vivent dans un autre univers avec peut-être, à l'horizon, les mêmes objectifs que vous.

24. Donnez...

Donnez de votre temps, ayez des activités bénévoles ou peu rémunérées, faites un échange de compétences : autant de situations qui permettent de tisser un réseau fort et solide. Si vous vous montrez généreux, les gens viendront à vous (les pique-assiettes aussi, me direz-vous ! C'est vrai, c'est un risque...). Cependant, vous recevrez aussi beaucoup car certains préfèrent donner plutôt que recevoir, et d'autres vous seront toujours reconnaissants de ce que vous leur avez un jour donné.

Parfois, acceptez des contrats peu rémunérés en signalant à votre client le côté exceptionnel de la situation et gardez l'espoir que ces contrats évolueront à la hausse avec le temps.

25. Travaillez avec des étudiants qui deviendront un jour prescripteurs ou décideurs

Ils sont merveilleux, les jeunes ! Spontanés, vifs, exigeants, modernes ! De bien bonnes raisons donc de travailler avec eux. À tout cela s'ajoute le fait qu'ils seront bientôt dans la vie active et qu'ils pourront à leur tour parler de vous et même prescrire ce que vous proposez. Vous êtes moins payé en fac que partout ailleurs ? Acceptez-le : tout cela vous sera rendu un jour d'une manière ou d'une autre et, de toute façon, avec les jeunes, vous apprendrez et progresserez beaucoup !

26. Rendez vivantes les photos de classe

Vos photos de classe et celles de vos enfants sont les marques d'un début de réseau. Il est à la fois tendre et utile de se souvenir des gens avec qui nous avons partagé des temps longs et forts. Procurez-vous donc chaque année la photo de la classe ou de la promotion et marquez au dos le nom de tous les figurants. La mémoire de ces tranches de vie sera plus facile à raviver.

27. Entrez le nom d'une ancienne connaissance dans un moteur de recherche

Vous recherchez sur www.google.fr, par exemple, ce qu'est devenu votre ami d'enfance. En y entrant son nom, vous serez peut-être surpris d'y trouver des réponses !

28. Connectez-vous d'urgence à Internet et ayez si possible une page Web, un site, un blog...

Observez autour de vous : voyez la rapidité avec laquelle les gens s'équipent et se connectent. Impossible pour vous de trop tarder : au lieu de vous afficher clairement comme retardataire et petit dernier, allez de l'avant, jetez-vous à l'eau rapidement, investissez, formez-vous et vous aurez pris le train en marche. (À ce propos, vous êtes déjà dans le troisième ou quatrième wagon. Certains de vos concurrents sont dans la locomotive. Ouvrez l'œil !)

29. Allez sur les salons ou les événements professionnels

Quelle évidence ! Comment oublier de se nourrir dans cette manne d'informations ! Vous y prendrez des contacts intéressants si tant est que vous savez fureter avec malice. Pour cela, comme pour la visite du Louvre ou de tout autre musée gigantesque, fixez-vous des objectifs à l'avance. Vous y allez déterminé à ne voir que tel ou tel stand ou désireux d'y nouer tel ou tel contact.

30. Renseignez-vous sur l'étranger

Nous avons bâti l'Europe mais le travail, aujourd'hui, est international. Chacun doit donc se documenter sur la façon dont nos alter ego travaillent à l'étranger. Bientôt, qui sait, interviendrons-nous aisément en Inde, au Canada, en Angleterre et aux États-Unis. Les jeunes générations qui entrent sur le marché du travail se sentent cosmopolites et sont bilingues. Adaptons-nous vite et bien à ce monde nouveau qui voit les autres continents au coin de la rue.

31. Lisez parfois les annonces d'emploi

Curieux conseil, me direz-vous. En effet, même si vous êtes heureux de vos choix actuels, la lecture occasionnelle des annonces d'emploi vous offre mille signes à interpréter. Elle vous informe sur les changements de stratégies dans les entreprises, et donc d'équipes, sur les nouvelles tendances de l'homme au travail avec des définitions de postes parfois mutantes. L'avenir se lit dans les petites annonces !

32. Prévenez autour de vous de vos nouveaux objectifs

Faites-vous aider par votre entourage et informez vos proches de vos projets nouveaux. Ils vous soutiendront et vous épauleront pour alléger, à leur manière, votre surcharge de travail. Si vous omettez de les mettre dans la confidence, ils se sentiront volés de votre temps et s'afficheront comme frustrés ou laissés-pour-compte. Ce sera alors difficile pour tout le monde.

33. Ouvrez grand vos oreilles

Si vous prenez l'habitude d'écouter attentivement les gens, vous réaliserez vite le nombre de connexions que vous pouvez établir entre leurs activités et la vôtre. Après avoir écouté, vous verrez qu'il n'y a plus qu'à inventer, créer et innover pour bâtir le monde de demain. Vous en saurez plus dans les pages à venir...

34. Soyez facilement joignable par téléphone mais gare au piège

Ne décrochez votre téléphone ou votre portable que si vous avez le temps de gérer l'appel.

35. Donnez éventuellement deux cartes de visite

La personnelle et la professionnelle. Vous offrez ainsi le stable et le temporaire.

36. Irriguez votre réseau Web par des articles lus dans les journaux électroniques

37. Si vous avez du personnel, donnez-lui les messages forts qu'il faut faire passer sur votre activité

Si vous êtes le seul à faire passer les messages essentiels vous concernant et que votre assistante les ignore, vos interlocuteurs seront déstabilisés par ce manque de cohérence.

38. Consultez, si besoin, le Who's Who

Avant un entretien, avant de « faire des affaires », cela peut être confortable de savoir que la personne réputée que vous allez rencontrer a des enfants, aime jouer au golf, etc. Le *Who's Who* permet de préparer les rendez-vous.

39. Restez en contact avec le personnel des entreprises que vous avez quittées ou avec d'anciens contacts

Envoyez vos cartes de vœux, les photos des derniers enfants, ou un petit clin d'œil Web de temps en temps... Charles-Henri Dumon témoigne : « Certains candidats m'envoient chaque année leur carte de vœux ou un article de presse qui peut m'intéresser et c'est bien. Entretenir un réseau, cela peut être tout simplement ça. Les Américains sont vraiment excellents dans ce domaine-là et sont attentifs à ceux qui peuvent leur être utiles. En France, il m'arrive de rencontrer des gens qui connaissent un publicitaire, un homme politique, un chasseur de têtes et ces gens-là ont compris qu'il est bon de connaître des gens de toutes les professions. »

40. Si vous êtes parent, intégrez le réseau des parents d'élèves de l'école de vos enfants

Vous verrez : c'est fructueux tant pour vos enfants que pour vous !

Travaillez en réseau : développez un art de vivre

Le marché, les hommes et leur valeur

Pour travailler en réseau, il est indispensable d'être attentif au marché, aux hommes et à leur valeur. Des associations de compétences sont nécessaires ; l'utilisation d'un réseau devient donc nécessaire.

Pour Charles-Henri Dumon : « Si vous regardez le nombre de gens qui peuvent remplacer telle personne à la tête de tel grand groupe, si tant est qu'elle soit remplaçable, cela se résume parfois sur la France à trois personnes. Mais quand vous recrutez un directeur financier ou un chef comptable, des milliers de gens peuvent prendre ce poste-là. Donc, nous avons adapté notre façon de travailler à ce paramètre-là. Et plutôt que le réseau et la mémoire humaine d'un individu, nous allons fabriquer une mémoire avec des milliers et des milliers de candidatures sur un système informatique.

« Ainsi, en France, chez Michael Page, nous avons 500 000 candidatures en fichier aujourd'hui. De ce fait, plutôt que de recruter uniquement par relation, nous recrutons par tous les systèmes possibles : notamment la base de données de ces 500 000 candidatures que nous retrouvons en 3 secondes grâce à l'entrée de 25 à 50 critères. Par exemple, si je veux connaître le nom de tous les chefs de projet qui travaillent actuellement dans un grand groupe, avec deux mots-clés je sors le nom de tous ceux qui sont actuellement en recherche dans ce groupe. Encore faut-il qu'ils aient fait la démarche de rentrer dans notre ordinateur par le biais du site, d'un C.V. ou d'un coup de fil... et ce dans les vingt années de notre implantation en France. Nous recevons 90 000 C.V. chaque mois. Vous imaginez le tri que nous faisons en permanence.

« Nos méthodes sont donc l'annonce d'offres d'emploi, notre base de C.V., les relations des consultants et la chasse de têtes, c'est-à-dire typiquement des gens qui sont en poste et que nous appelons parce que nous savons qu'ils sont bons. Vous voyez la différence entre Michael Page et une entreprise qui n'utilisera qu'une annonce dans la presse ou ses relations. L'entreprise n'a pas de base de données ; elle ne peut pas en avoir car une base de données vit et est mise à jour régulièrement. Ainsi aujourd'hui, il existe des méthodes plus efficaces pour recruter que celle du réseau. Si vous comparez le recrutement à la pêche, si vous pêchez dans plusieurs étangs, vous avez des chances de pêcher de plus beaux poissons que si vous vous cantonnez à un seul étang. »

Charles-Henri Dumon expose aussi une utilisation du réseau par les PME françaises qu'il estime parfois peu réaliste pour combler un poste : « Elles recrutent beaucoup trop par leur réseau, c'est-à-dire leur banquier, leur publicitaire, leur assureur, leur expert-comptable. Elles leur demandent de leur trouver quelqu'un et vont donc embaucher le fils de la copine du copain, etc., ce qui peut donner des résultats catastrophiques. Plus vous allez vers le sud de l'Europe, le Portugal ou l'Espagne par exemple, plus le recrutement se fait de cette manière-là. Cette méthode rassure mais date : elle pouvait fonctionner il y a cinquante ans. Maintenant, il faut que les gens soient bons dans leur poste ; notre métier est un métier de comparaison car personne n'est bon ou mauvais dans l'absolu. Et quand une entreprise recrute par copinage, elle ne recrute pas par comparaison dans un marché à un moment donné, c'est pourquoi ce recrutement peut être catastrophique. Le recrutement impose plutôt d'aller sur le marché et de recruter le meilleur. »

Organiser le travail en réseau

Sachez repérer les hommes et leurs valeurs. Dans une entreprise ou une administration, vous êtes entouré de gens avec du potentiel. Votre travail a même des incidences sur de nombreuses personnes. Je suis parfois frappée par le travail trop solitaire que mènent certains. La reconnaissance et l'émulation viennent souvent des échanges entre pairs. Il devient bon de les solliciter ou de les créer. A vous donc d'identifier les personnes avec lesquelles vous pourriez créer un travail efficace. Il va ensuite devenir possible de constituer, dans une hiérarchie aussi bien que dans une association, une liste de membres potentiels à affilier au réseau. Une fois les membres du réseau identifiés, créez une arborescence et communiquez sur eux.

Vérifiez que tout le monde est capable de regarder dans la même direction. Réfléchissez à une identité. Faites (et refaites) régulièrement partager des objectifs à court et long termes.

Créez, éventuellement, des statuts.

Créez une convention cadre pour, par exemple :

- définir des objectifs communs,
- nommer différents responsables : la maîtrise d'œuvre (envoi des protocoles, recueil et saisie des données, communication presse…), le comité directeur, le comité technique, etc.
- constituer des bases de données communes,
- statuer sur le mode de consultation de ces données,
- statuer sur l'intégration de nouveaux partenaires,
- envisager et recenser les formations utiles au réseau,
- décider d'une durée de la convention, etc.

Identifiez les cibles communes.

Harmonisez les pratiques :

- pensez la charte graphique des documents : choisissez un logo, une *base line*, une identité visuelle… ;
- lancez un mini-journal, une revue, une parution écrite régulière… ;
- créez, éventuellement, un site ou un blog ;
- concevez des fiches navette, des fiches pratiques, des comptes rendus, des notes de service… ;
- validez la complémentarité des démarches et travaillez sur les dissonances ;
- créez du relationnel et des temps d'échange ;
- ayez des rites, des rendez-vous établis et fructueux avec ordre du jour prévu ;
- respectez des modes de fonctionnement communs, etc.

Parlez d'une seule voix tout en respectant les libertés ; délimitez les secteurs d'intervention. Entretenez l'esprit d'équipe, l'appartenance et la reconnaissance. Valorisez les compétences individuelles, fortifiez-les…

Montrez des résultats. Faites un bilan et un suivi régulier des actions menées.

Témoignage d'Annaïk Barbé, architecte d'intérieur et scénographe

Le Conseil supérieur de l'ordre des Experts-comptables est conscient de l'importance du réseau relationnel pour ses adhérents.

Il a donc demandé, pour le 56e congrès des Experts-comptables, à Annaïk Barbé de concevoir un « Espace Synergie » dédié au Capital Relationnel et à moi d'en être « la pierre angulaire » pendant trois jours (J'ai bien aimé et l'image et le rôle !). Ce lieu était magique tant il a été bien compris et conçu par Annaïk.

Voici d'ailleurs ce que dit Annaïk Barbé du réseau relationnel :

« Les réseaux, oui… parce que le monde est petit et que les petites portes donnent sur de grands espaces, parce que le bonheur d'échanger donne le sens humain et la fibre sensible à des procédures professionnelles lourdes parfois à porter seul. Le réseau, c'est le petit sucre qui tombe et déclenche toute la trame, c'est la puissance dix de la parole bien dite. Pour moi, le réseau est essentiel car, à chaque fléchissement de l'activité, vingt coups de fil et toute la dynamique est relancée ! »

Lutter contre le stress

Les mots « stress » et « détresse » ont la même étymologie latine.

Le stress est le résultat d'une interaction : un individu réagit à des causes extérieures, il subit des contraintes qui provoquent chez lui des réactions. Il est souvent dit qu'il existe de *bons stressés* et de *mauvais stressés*, plutôt qu'un *bon stress* ou un *mauvais stress*.

Certaines personnes sont prédisposées à fabriquer du stress, notamment celles qui :

• entreprennent plusieurs activités à la fois ;

• ont du mal à déléguer ;

• s'en veulent si elles sont inactives ou au repos ;

• ont besoin d'être plébiscitées ou félicitées ;

• aiment gagner, aiment la compétition ;

• vivent tout dans l'urgence ou s'imposent des délais très courts ;

• piaffent d'impatience si on les interrompt ou si on leur impose une attente trop longue ;

• ont des journées très remplies ;

• travaillent trop…

Vous reconnaissez-vous, en tant que « réseauteur », dans ce profil-là ? Mieux se connaître, réfléchir sur soi et sur son mode de vie permet de diminuer son stress. Nous dominons mieux notre stress si :

• nous réfléchissons aux mécanismes intellectuels que nous avons mis en place et si nous cherchons à les corriger ;

• nous analysons nos sensations et les émotions déclenchées par le stress ;

• nous arrivons à supprimer les causes de ces interactions.

Pour diminuer son stress, quelques idées simples :

• se préparer aux événements à vivre ;

• respirer, s'oxygéner, se dépenser, maîtriser son souffle… ;

• bien s'alimenter, faire du sport et dormir suffisamment ;

- repenser son cadre de vie ;
- se projeter mentalement dans une situation de réussite…

Développer l'écoute

Pour pouvoir travailler en réseau, aller de l'avant en fabriquant des idées nouvelles, il faut réussir une bonne écoute des autres. Cet art paraît simple, pourtant il est parfois sacrifié. On écoute pour entendre, au sens de *entendement, compréhension*.

Ainsi, pour se rendre réceptif à l'autre et aux autres, il est nécessaire de réunir, au même moment, plusieurs qualités :

- Posséder un code commun avec l'émetteur : si vous n'êtes pas sur « la même longueur d'onde », cela s'annonce mal…
- Pour certains, bien écouter impose d'abord de bien voir. Chaussez vos lunettes sans scrupule.
- Être capable soi-même d'attention. Parfois, cependant, notre esprit est encombré par autre chose. Inutile alors de mener deux réflexions à la fois : il faut d'abord se rendre disponible à ce qui nous paraît, dans l'instant, prioritaire.
- Montrer à l'interlocuteur que nous l'écoutons en ponctuant par des mots tels que « Oui, je comprends ».
- Être tolérant et accepter de voir chez l'autre des différences avec soi-même.
- Être disponible et neutre : cela permet de recevoir les messages et de les comprendre. Faire preuve d'empathie (voir page 52).
- Avoir un comportement, une attitude qui favorise l'expression du message. Si la position de votre corps ou vos mimiques indiquent votre désir de « non-écoute », le message est inutilement donné.
- Écouter activement en faisant abstraction de ce qui se passe en dehors de la situation d'écoute (facteurs externes et bruits divers).
- Savoir situer le message émis dans l'histoire propre de l'émetteur et comprendre le contexte qui l'a provoqué. En somme, comprendre l'origine de ce qui est dit.

- Laisser l'orateur s'exprimer sans le couper avec nos informations personnelles.

- Avoir un esprit de synthèse, c'est-à-dire cerner l'essentiel du message en le débarrassant des arguments superflus.

- Prendre des notes pour donner du poids à ce que l'autre vient d'exprimer et pour bâtir une réponse.

- Reformuler ce que l'autre a exprimé.

Tout cela implique de gérer à la fois ses émotions, son attitude, sa prise de notes et sa reformulation.

Mieux écouter permet, en somme, de mieux recevoir, de mieux comprendre et par la suite de mieux réussir... car l'écoute développe la compréhension des gens et des événements, la facilité à dire et à faire, la curiosité et l'imagination.

Chaque réseau est tissé dans l'écoute de l'autre et de ses projets.

Comprendre le besoin d'appartenance

Vous êtes nombreux à connaître la pyramide de Maslow et la rappeler ici permet de montrer à quel point il est capital, pour certaines personnes, de travailler en réseau.

Maslow a mis en avant le fait que chaque niveau de besoins doit être satisfait avant que l'individu ne cherche à satisfaire les besoins du niveau supérieur. Cette théorie est souvent remise en cause, car d'autres penseurs assurent que les besoins affectifs ne peuvent être dissociés des besoins physiques. En effet, de nombreuses expériences prouvent qu'il ne suffit pas à un enfant d'être nourri ; il a aussi besoin, pour progresser, d'amour. Autre cas : vous pouvez avoir un besoin d'apprentissage, par exemple, sans pour autant en avoir le désir.

Toutes ces réserves étant énoncées, il est vrai que l'individu obéit à des besoins qu'il cherche à satisfaire : cela peut être la raison d'être des réseaux. La plupart des individus cherchent à contenter les niveaux 1 à 3 de la pyramide de Maslow ; quelques autres veulent satisfaire le niveau 4 et quelques rares cherchent à combler le niveau 5. Or, dans les trois premiers niveaux, vous voyez déjà ce que peut apporter le réseau à un individu :

La pyramide de Maslow

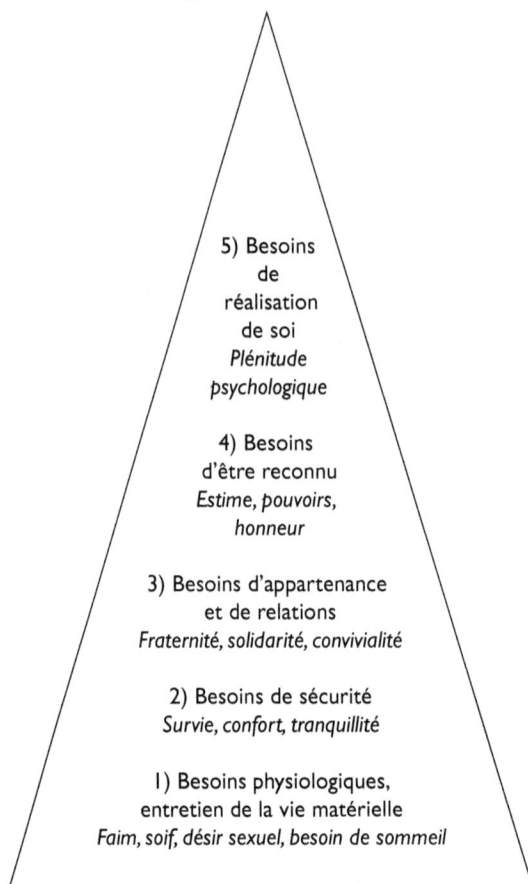

5) Besoins
de
réalisation
de soi
*Plénitude
psychologique*

4) Besoins
d'être reconnu
*Estime, pouvoirs,
honneur*

3) Besoins d'appartenance
et de relations
Fraternité, solidarité, convivialité

2) Besoins de sécurité
Survie, confort, tranquillité

1) Besoins physiologiques,
entretien de la vie matérielle
Faim, soif, désir sexuel, besoin de sommeil

Comprendre les résistances au changement

Dans la vie d'un réseau, l'entretien de la motivation des troupes paraît toujours compliqué. Car un réseau existe s'il a un projet fort auquel adhèrent tous ses membres ; et si vous avez un projet à réaliser, vous avez aussi des changements à opérer. Or certains changements sont difficiles à faire accepter et cela explique que, parfois, les réseaux s'essoufflent : les changements ont paru trop lourds, injustifiés ou trop « impliquants ». Voici quelques pistes pour comprendre les résistances que vous observez peut-être dans votre réseau :

• satisfaction du présent pour certains adhérents ;

- impossibilité pour certains individus de croire en leurs capacités de réussite ;
- poids de l'éducation : certains changements paraissent inacceptables ;
- peur de l'effort ;
- risque et peur de l'échec ;
- peur de l'inconnu ;
- crainte que soit identifiée une incompétence ;
- incompréhension de l'intérêt ;
- peur du changement, etc.

Motiver ou l'art de réveiller l'envie

> *« Plus on veut, mieux on veut. »*
> (Baudelaire, *Les Fleurs du Mal*)

La motivation est inséparable du désir de grandir, de réaliser un projet de vie. C'est une anticipation positive de son propre avenir. Voici donc un levier rêvé pour motiver les membres d'un réseau : partager un projet.

Pour réussir à motiver quelqu'un, il faut prendre conscience que l'émotionnel agit sur le relationnel… et que la motivation est indissociable de la prise de plaisir. Si vous voulez un résultat, vous devez générer du plaisir rapidement et ce résultat générera ensuite, à son tour, du plaisir. Cela peut d'abord être la satisfaction d'être ensemble, dans un lieu agréable, puis le plaisir d'entreprendre une action et de la réussir.

Deux anti-exemples qui nous viennent de l'éducation et qu'il faut éviter de mettre en pratique avec les adultes :

- le chantage affectif ;
- les phrases du genre : « Vous vous en chargez ; ce travail n'est pas mon affaire ».

L'utilité sociale est une source de motivation incontestable. Ainsi, quelqu'un (dans votre réseau, par exemple) qui ne comprend pas ce que vous attendez de lui se démotive progressivement.

Les personnes ont envie d'évoluer si elles pensent pouvoir :
- mieux maîtriser leurs activités actuelles ;
- améliorer le présent ;
- surmonter leurs propres difficultés ;
- être mieux reconnues ;
- satisfaire leur curiosité intellectuelle ;
- se prouver quelque chose ;
- nourrir leur esprit de compétition ;
- satisfaire leur désir de se maintenir à un bon niveau.

Pour motiver les personnes dans votre réseau, vous devrez :
- écouter et faire formuler des attentes ;
- valoriser les idées de chacun ;
- recentrer et bonifier la démarche ;

puis :
- connaître, expliquer et faire partager l'objectif ou les objectifs ;
- annoncer les étapes (objectifs à court, moyen et long terme) ;
- expliquer (voire réexpliquer) à quoi cela va servir ;
- bannir la pédagogie de l'échec (celle qui consiste à laisser d'abord mal faire puis à corriger) ;
- donner confiance ;
- faire partager les responsabilités ;
- donner libre champ aux initiatives de certains ;
- laisser la main et inciter les autres à la créativité ;
- accompagner les actants ;

et toujours :
- donner à chacun le sentiment que vous l'appréciez ;
- offrir des possibilités de développement ;
- reconnaître les mérites.

Le réseau des consultants Michael Page : un réseau motivé

Charles-Henri Dumon témoigne : « Comme consultants, nous recrutons des anciens d'un métier vers lequel ils vont se tourner pour recruter à leur tour. Pour réussir chez nous, il est surtout nécessaire de faire un effort commercial. Nous prenons donc des gens qui ont souvent 28-30 ans après 3 ou 4 années de métier : ils n'ont donc pas souvent un carnet d'adresses énorme mais nous les choisissons pour leur tempérament. Le carnet d'adresses des gens ne m'intéresse absolument pas, c'est leur connaissance d'un métier qui prime. »

Déléguer ou l'art du « faire faire intelligent »

Faire vivre un réseau sans être trop accaparé vous-même impose que vous sachiez déléguer aux autres une partie des missions qui sont à remplir. Prenez conscience de ce que vous avez envie de déléguer : ce que vous ne savez pas faire, ce qui vous ennuie, ce que d'autres aiment faire, ce qui vous prend trop de temps, etc. La réponse en vaut toujours la peine car elle vous permettra de trouver l'argumentaire qui aide à déléguer.

Petit rappel cependant sur la délégation en entreprise, celui qui délègue bien :

* précise l'objectif ;
* a identifié la personne qui peut prendre en charge cette tâche ;
* l'informe pleinement pour qu'elle soit en situation de réussite ;
* vérifie que la mission est comprise ;
* délègue au plus tôt la mission pour que le temps devienne un atout ;
* planifie les délais et propose que soit établi un plan de travail ;
* balise au fur et à mesure les progrès ;
* continue de se montrer concerné par le projet ;
* reconnaît à l'autre le droit à l'erreur ;
* se rend disponible pour informer davantage et réorienter le travail si besoin ;
* demeure responsable vis-à-vis de l'organisation ;
* laisse au délégataire le choix des moyens ;

- évite les interruptions irrationnelles ;

- informe l'entourage de ce qui est délégué et à qui ;

- aide l'équipe à progresser en confiant aux uns et aux autres de nouvelles responsabilités ;

- prend conscience de l'autonomie qu'acquiert le délégataire ;

- fait évoluer son management.

Tous ces points favorisent une bonne délégation dans l'entreprise, il paraît donc indispensable d'en tenir compte aussi dans votre réseau.

En effet, l'impact d'une hiérarchie et d'un salaire à mériter facilite l'acceptation de la délégation en entreprise. Dans le cadre d'un réseau, la relation est plus fragile et plus difficile à bien mettre en place puis à entretenir.

Le juste ton pour prendre la parole

Recevoir quelqu'un et recevoir un appel téléphonique ; quelques conseils :

- Recevoir quelqu'un impose d'arrêter ce que l'on est en train de faire pour l'accueillir. Il est utile de vous lever : vous gérerez ainsi mieux le temps de cette interruption…

- Répondre au téléphone en différé de quelques secondes, de manière à prendre le temps de noter ou cocher l'endroit de l'interruption de votre travail en cours. Au téléphone : se présenter et dire « bonjour ».

- Utiliser sa messagerie à bon escient avec un message approprié. Impulsivité sous contrôle.

- Mieux vaut prévoir les appels téléphoniques difficiles le matin.

- Prendre des RV téléphoniques, les noter sur son agenda et s'y tenir. Ceci dit, pour traiter de certains sujets (par exemple, pour « se » vendre, mieux vaut obtenir un entretien en face à face, même s'il est de courte durée. Pour l'obtenir, rien de tel que d'afficher d'emblée une demande d'une demi-heure par exemple.)

- Avec un bavard : prendre conscience qu'il exprime son stress ; il est inquiet et a besoin d'être rassuré. Éviter les petits mots d'encouragement qui le relancent… L'écouter et lui dire, au téléphone, des mots tels que : « Je prends note » puis « J'ai pris note », « J'ai bien compris »… Reformuler ce qu'il a dit, rester professionnel, limiter les digressions en recadrant dès que possible sur le message professionnel, puis parler au passé : « J'ai été content d'avoir votre point de vue », ou « J'ai bien compris », ou « C'était important que nous fassions le point », le remercier pour son appel, etc.

- Se mettre debout pendant l'appel téléphonique aide à accélérer et à prendre congé.

- Un interlocuteur bavard et mécontent est un interlocuteur momentanément frustré qui a besoin d'exprimer sa frustration et d'être écouté. Il veut entendre les mots : « je comprends », avec une éventuelle justification (brève !) et des excuses si besoin, et surtout la résolution rapide de son problème.

- Quelques phrases-clés pour prendre les appels des absents ou des personnes indisponibles : « Pouvez-vous patienter quelques instants ? » ou « Il est en réunion» « Il est en rendez-vous extérieur », « Souhaitez-vous rappeler ou souhaitez-vous lui laisser un message ? », etc. Être un vrai relais pour celui qui appelle.

- Chasser les tournures négatives de son vocabulaire pour limiter les situations conflictuelles.

- Essayer de régler tout de suite les appels téléphoniques ou de « faire franchir la marche qui fait aller vers une nouvelle décision ».

Étapes de l'entretien téléphonique en réception

- Se présenter ;
- Rechercher ce que veut l'interlocuteur et reformuler sa demande ;
- Argumenter, expliquer ;
- Conclure, concrétiser ;
- Reformuler ;
- Prendre congé.

Étapes de l'entretien téléphonique en émission

Mêmes techniques de communication qu'en réception, mais…

Avant d'émettre l'appel

- Préparer l'entretien ;
- Se fixer un but, un objectif ;
- Savoir précisément le message essentiel que l'on veut faire passer ;
- Avoir noté les points importants ;
- Se poser la question : « Est-ce le meilleur moment pour appeler mon interlocuteur ? » ;
- Se préparer à savoir conclure.

Pendant l'appel

- Valider le temps de parole dont vous pouvez disposer l'un et l'autre ;
- Savoir exposer calmement le motif de l'appel ;
- En cas de contestation de l'autre, prendre des notes pour se préparer à contre-argumenter ;
- Savoir conclure.

Après l'appel

- Concrétiser rapidement les décisions prises ;
- Si besoin, remercier ou donner les informations attendues dans le délai prévu.

Test : « les phrases qui tuent l'esprit réseau ! »

Quelles sont les phrases qui, d'après vous, incitent l'interlocuteur à vous écouter ? Quelles sont celles qui donnent envie de vous raccrocher au nez ou ont un double sens inopportun ?

	Bon	Mauvais
1. Je ne vous dérange pas trop ?		
2. Puis-je vous parler quelques instants ?		
3. Pouvez-vous me consacrer quelques minutes ?		
4. Est-ce un bon moment pour m'entretenir avec vous quelques instants ?		
5. Ce n'est pas mon problème.		
6. Quel est votre problème ?		
7. J'ai un problème…		
8. Je ne vous promets rien.		
9. Je ne vous garantis rien.		
10. Ne vous inquiétez pas…		
11. Ne quittez pas.		
12. Vous pouvez toujours essayer de me rappeler jeudi.		
13. M'avez-vous compris ?		
14. Suis-je clair ?		
15. Vous avez tort.		
16. Y a pas de quoi.		
17. Je ne peux pas vous prendre maintenant.		
18. Je vous bascule sur Thérèse (Georges, Josette ou Harry…).		
19. Préférez-vous que nous nous entretenions maintenant ou souhaitez-vous que je vous rappelle… (cet après-midi, demain) ?		
20. Ai-je été clair ?		
21. Je m'en occupe personnellement.		
22. Je suis en rendez-vous extérieur…		
23. Au plaisir M'sieur Dame		
24. Je ne suis pas au bureau		

Solutions :

Voici les phrases utiles au téléphone :

- Puis-je vous parler quelques instants ?
- Pouvez-vous me consacrer quelques minutes ?
- Est-ce un bon moment pour m'entretenir avec vous quelques instants ?
- Préférez-vous que nous nous entretenions maintenant ou souhaitez-vous que je vous rappelle... (cet après-midi, demain) ?
- Ai-je été clair ?
- Je m'en occupe personnellement.
- Je suis en rendez-vous extérieur.
- Suis-je clair ?

Voici les phrases à proscrire :

- Je ne vous dérange pas trop ?
- Ce n'est pas mon problème.
- Quel est votre problème ?
- J'ai un problème...
- Je ne vous promets rien.
- Je ne vous garantis rien.
- Ne vous inquiétez pas...
- Ne quittez pas.
- Vous pouvez toujours essayer de rappeler jeudi.
- M'avez-vous compris ?
- Vous avez tort...
- Je vous bascule sur Thérèse (Georges, Josette ou Harry...).
- Y a pas de quoi.
- Au plaisir, M'sieur Dame.
- Je ne peux pas vous prendre maintenant.
- Je ne suis pas au bureau...

Parce qu'il est bon de chasser :

- les phrases négatives qui créent du négatif ;
- les phrases elliptiques qui font rire « Je vous bascule sur Thérèse » ;
- les accusations : « Vous m'avez compris ? », « Vous avez tort » ;
- les fautes de syntaxe « Au plaisir, M'sieur Dame » ;
- l'idée saugrenue que nous aimons le mot *problème* ;
- les projets flous : « Essayez de rappeler jeudi... » ;
- le manque de courtoisie : « Je parle, je parle alors que vous avez peut-être quelqu'un dans votre bureau... et c'est le cadet de mes soucis ! ».

Bien questionner pour travailler en réseau

La question fermée	**Réponse**
Aimez-vous la danse ?	Oui... Non...

Bilan :

Réponse facile, précise mais pauvre. La question peut donner une impression d'interrogatoire.

La question ouverte	**Réponse**
Où ? Quand ? Combien ? Pourquoi ? Comment ? Qui ? Quoi ?	Une opinion, une idée, un fait, une explication...

Bilan :

Réponse facile, précise. La question favorise les questions complémentaires, fait dialoguer et permet une information riche. Attention, il y a risque de dispersion possible et de blocage.

La question alternative	**Réponse**
Préférez-vous la danse ou la marche ?	Je préfère la...

Bilan :

Réponse facile, précise. Cette technique permet de maîtriser l'entretien, elle impose de donner une réponse et de faire un choix mais la réponse reste pauvre (choix 1 ou choix 2).

La question généralisée	**Réponse**
Autour de vous, dans votre profession...	N'engage pas l'interlocuteur

Bilan :

La question met à l'aise votre interlocuteur mais l'information peut être inutilisable.

153

La question en ricochet

Reprise du dernier mot évoqué
en forme de question

Réponse

Engage l'interlocuteur

Bilan :

La question incite à la confidence et empêche la conversation de dériver. Elle reste difficile avec les introvertis.

La question en retour

Réponse à une question par
une autre question

Réponse

Question reformulée

Bilan :

La question permet de réfléchir, de gagner du temps, de rester maître de la situation mais elle peut donner une impression de dérobade.

Pour bâtir un réseau fiable, pensez à poser les bonnes questions. Vous obtiendrez plus facilement les bonnes réponses !

Prendre des notes

Prenez des notes pour garder trace des contacts. Aérez vos documents pour pouvoir encore étoffer le raisonnement. Cette technique est presque indispensable pour bien mémoriser et respecter les pensées de vos interlocuteurs.

Comment gérer les personnes difficiles… et décider si vous souhaitez les intégrer à vos réseaux

1er temps : forcez-vous à communiquer avec elles ! Eh oui !

2e temps : décidez si leur profil correspond à ce que vous pouvez apprécier et aux projets que vous avez.

Remarque : selon vos propres compétences, certains profils vont vous faire dépenser plus ou moins d'énergie. A vous de trancher ! Qui souhaitez-vous intégrer à vos réseaux ? Y trouvez-vous plus d'avantages que d'inconvénients ?

Type d'interlocuteur	Il déteste	Il apprécie	Vous saurez communiquer avec lui
L'hésitant			
lambine et a du mal à décider seul.	Se sentir opposé aux autres.	Le ralliement à la majorité pensante.	Si vous l'aidez à franchir des objectifs à court terme.
Le phraseur			
pinaille et se met en avant.	Être transparent.	La « tchatche » et l'apparence.	Si vous le faites briller.
L'intrépide			
piaffe, y va tête baissée et brûle les étapes.	Subir des lenteurs et des tergiversations.	L'action et les résultats.	Si vous valorisez les objectifs à atteindre.
Le craintif			
se méfie, lambine et tente de contourner les problèmes.	Devenir dépendant.	Comprendre et maîtriser ce qui se passe.	Si vous lui expliquez vos objectifs.
Le « papillon »			
survole tout et évite de s'investir franchement.	Devoir mener la barque.	Être dans une équipe.	Si vous réussissez à le valoriser et le cadrer.
Le grognon se croit mal-aimé et inutile.	Être incompris et se sentir frustré.	Qu'on le rassure et le fasse sourire	Si vous valorisez leur jugement, si vous prenez du recul, maniez l'humour et si vous les recadrez sur les projets et les moyens.
L'agressif râle et en veut à la terre entière.	Être incompris et se sentir frustré.	Être reconnu et écouté.	Si vous valorisez leur jugement, si vous prenez du recul, maniez l'humour et si vous les recadrez sur les projets et les moyens.
L'opposant			
se mêle de tout et conteste les décisions des autres.	Être ignoré.	Qu'on « l'encense ».	Si vous sollicitez son avis.
L'homme carré			
impose et donne la marche à suivre.	Vivre le flou, le mou et les sous-entendus.	La rigueur et les procédures.	Si vous reconnaissez l'importance des méthodes.

Être attentif à ses intuitions

L'intuition me semble capitale dans toute relation de communication. Grâce à elle, nous pouvons anticiper les situations ou les pensées des autres et mieux percevoir, imaginer et concevoir.

Un de mes grands bonheurs est de trouver, au fil de mes lectures, des auteurs qui parlent de l'intuition et lui redonnent ses lettres de noblesse. Voici donc quatre passages de livres qui m'ont plu :

1. « *L'inconscient n'est pas seulement le simple dépositaire de notre passé, mais est aussi rempli de germes de situations psychiques et d'idées à venir (...) Des idées neuves et créatrices peuvent aussi surgir de l'inconscient, idées qui n'ont jamais été conscientes précédemment (...) Des dilemmes sont quelquefois résolus par un aperçu nouveau, tout à fait inattendu, du problème. Beaucoup de philosophes, d'artistes et même de savants, doivent quelques-unes de leurs meilleures idées à des inspirations soudaines provenant de l'inconscient.* » (*Extrait de* Essai d'exploration de l'inconscient *de Jung, « Folio », Gallimard*)

J'adore cette idée que notre inconscient possède à la fois les traces de ce que nous avons vécu mais aussi du neuf, du futur, de l'inconnu encore, des idées lumineuses qu'une étincelle fera jaillir un jour, au fil de nos rencontres. J'aime cette mise en valeur de « l'inspiration soudaine » qui, au départ, peut paraître inexplicable ou irraisonnée et qui pourtant s'avère être un trait de génie !

2. « *L'intuition (...) est une forme de connaissance intérieure que l'on a en permanence en soi et qui ne dépend pas de phénomènes extérieurs. L'accès à l'intuition demande un certain silence et se ressource dans la solitude. L'intuition permet d'entrer en parfaite sympathie avec l'environnement, de capter les sentiments, les pensées ou les événements en profondeur, au-delà des apparences (...) Les personnes les plus intuitives sont souvent aussi les plus sensibles...* » (*Extrait de* Le Manager intuitif *de Meryem Le Saget, éditions Dunod*)

J'apprécie d'imaginer l'intuition comme un capital personnel, intérieur à moi, qui m'aide à comprendre ce que je vis et que je ne partage pas toujours avec d'autres. J'aime les thèmes du silence et de la retraite solitaire qui nous font quitter parfois la société – et le réseau ! – pour recharger nos batteries loin du tumulte et laisser émerger nos intuitions des gens et des événements. Ces temps-là sont essentiels à notre survie.

3. *« L'intuition commence et commande, l'abstraction la suit et la démonstration, enfin, se débrouille et rattrape, pédestre, comme elle peut. » (Extrait de* Éclaircissements *de Michel Serres, éditions François Bourin)*

D'abord, l'intuition à la fois floue et forte, puis l'idée abstraite et difficile à mettre en forme, puis enfin la démonstration concrète, réaliste, implacable : lorsque tout se passe ainsi, c'est délectable.

4. *« Les idées nouvelles viennent du désert, des anachorètes, des solitaires, de ceux qui font retraite et qui ne sont pas plongés dans le bruit et la fureur de la discussion, répétitive.*

« Quand vous ne disposez d'aucun modèle, que vous errez dans un désert, vous ne percevez pas toujours les choses très clairement. La présence constante d'une société scientifique, le débat continué, la pression des pairs, tout cela contribue puissamment à clarifier le propos. La solitude accompagne souvent et peut expliquer la difficulté. À deux, le débat, déjà, éclaircit les choses. » (Extrait de Eclaircissements *de Michel Serres, éditions François Bourin)*

Je trouve que ces quelques phrases, elles aussi, illustrent l'intuition et le travail en réseau. Michel Serres parle à merveille de ces moments de solitude nécessaire, de ces retraites dans le désert qui font naître les idées. Et j'aime mettre en relation cette première idée avec la seconde à savoir que la confrontation avec autrui, la vie en société en somme, permet de « clarifier le propos ». Un réseau peut aussi servir à ça : donner corps aux idées dont nous avons accouché dans le recueillement…

Cet aller-retour entre la solitude et le monde, le travail en solitaire et le travail en réseau me semble idéal. Naviguer sans cesse entre l'écoute de soi et l'écoute de l'autre permet de voir loin et de garder les yeux rivés sur le cap que l'on s'est fixé. Si vous êtes très sollicité par les membres de votre réseau, pensez à privilégier encore et toujours des temps de solitude où vos intuitions pourront prendre vie.

Être spontané et aller vers des gens nouveaux

Prenez des risques. Lancez-vous en créant de nouveaux contacts. Par exemple, si vous travaillez dans une grande entreprise, est-ce malin et agréable de déjeuner toujours avec les deux ou trois mêmes personnes ? Changez un peu, variez vos repas et vos discussions en allant vers d'autres. Pourquoi s'encroûter dans ces habitudes que vous vous êtes forgées parfois par hasard ? Pimprenelle ou Harrison ne seraient-ils pas heureux de vous voir pendant ce moment de détente ? Agrandir son réseau en interne peut vous aider à être mieux connu et reconnu.

Vivez la modernité et faites des choix réseaux-nés : le web est pour vous

« L'avenir n'appartient à personne. Il n'y a pas de précurseurs, il n'y a que des retardataires. » (Cocteau)

Être identifiable

Cela me fait sourire parfois lorsque je donne ma carte de visite maintenant et que je repense à ce que je savais des conventions encore en cours en 1965. Ma grand-mère m'avait dit qu'une femme devait éviter de faire imprimer sur sa carte de visite son numéro de téléphone, car les conventions imposaient que les femmes, pardon « les dames », soient difficilement joignables ! Aujourd'hui, sur ma carte, figurent mon adresse, mon téléphone, mon fax, mon e-mail, les coordonnées de mon site Web : un vrai bottin cette carte à elle toute seule ! Ah, Grand-mère ! Que penserais-tu de cette époque ? Mais quelle est la professionnelle qui, à l'heure actuelle, oublierait de donner clairement ses coordonnées ?

Autre évolution : le téléphone. Les jeunes générations sont habituées à en voir partout : chez soi, dans la rue, dans la poche… Elles sont sidérées d'apprendre que toutes ces cabines téléphoniques, que nous voyons à chaque coin de rue en ville, ont poussé comme des champignons vers le milieu des années quatre-vingt. Et je me souviens, en 1977, avoir dû attendre deux ans pour

© Éditions d'Organisation

obtenir l'installation de ma ligne téléphonique personnelle, et avoir à parcourir les rues de la ville pour trouver une cabine téléphonique en état de fonctionnement. Tout cela nous procure un confort de vie réel même si, en contrepartie, cela nous rend éternellement joignable.

Cependant, c'est utile d'être facilement identifiable : certains d'ailleurs ont déjà créé leur logo, d'autres se sont fait des cartes de visite originales, d'autres déclinent leurs initiales comme la raison sociale de leur entreprise, etc. Mille pistes existent pour mettre aisément en évidence qui nous sommes.

Donnez donc largement votre identité : semez… et vous constaterez que parfois, quelques mois plus tard, vous récolterez quelques fruits. Essayez même de penser à une charte graphique qui vous permette de « forcer » votre identification, et qui devienne un fil conducteur entre vos différents supports.

Pensez aussi à mettre votre identité et vos coordonnées sur tous les documents que vous distribuez. Si vos documents plaisent, ils traversent le temps et deviennent pour vous des publicités. Toutes les personnes qui les possèdent savent comment vous joindre et peuvent facilement devenir vos prescripteurs, ou prendre contact avec vous pour s'intégrer à votre réseau. Cette identité que vous répandez, c'est aussi un moyen d'occuper une partie du terrain.

Si vos documents plaisent aussi à certains de vos concurrents trop peu respectueux du travail que vous avez fourni, ils peuvent être tentés de les copier ou de les prendre à leur compte. Si vous avez omis d'y laisser vos coordonnées, un simple photocopillage suffit à l'autre pour se les approprier. Si vous y avez apposé vos coordonnées, le « pilleur » est obligé d'y enlever votre identité : c'est un peu plus long et un peu plus culpabilisant ! Et pour vous, comme votre original estampillé a existé, vous pouvez plus facilement faire valoir votre bonne foi.

Transformer le navigateur solitaire en « navigateur *on line* »

Pour tous les travailleurs indépendants, artisans et libéraux, il faut bâtir, à partir de rien, un réseau pour devenir le « navigateur *on line* » et quitter, à certains moments, son statut de navigateur solitaire.

« Internet est une révolution ! » Que de fois avons-nous entendu dire cela !

Certains, à ces quelques mots, se recroquevillent déjà en se disant : « Allons bon, elle aussi va nous faire le couplet du modernisme ! » Et pourtant, toutes ces curieuses nouveautés me bousculent moi aussi comme bon nombre d'entre vous : et si je m'y attelle à mon tour, c'est souvent parce que je me sens contrainte, au départ, par la nécessité de communiquer différemment.

Cependant, moi qui travaille sur la lecture et l'écriture, j'ai souvent réfléchi à l'implosion énorme qu'apportent, à ces deux sujets, les moyens de communication modernes. Alors qu'il y a vingt ans, certains imaginaient un monde davantage robotisé où le talent personnel allait perdre de sa place, nous voyons aujourd'hui que ce qui fait la différence dans cette communication moderne, c'est toujours le talent personnel. Il y a, par exemple, ceux qui savent écrire et les autres, ceux qui parlent bien et les autres, ceux qui lisent aisément (voire vite) et les autres, ceux qui savent synthétiser et les autres, ceux qui savent dessiner et les autres, etc. Et ceux qui ont baissé les bras lors de l'apprentissage se retrouvent en dehors d'un système qui manipule le mot et la phrase à tout bout de champ : par le fax, l'Internet, les CD-ROM et autres supports...

Depuis quand lisons-nous ?

Dans mon livre *Devenir un lecteur performant*, publié chez Dunod en 1992, je m'inspire des réflexions superbes d'Albert Labarre, conservateur en chef de la Bibliothèque nationale, réflexions que j'ai lues dans son livre de la collection « Que sais-je », *Histoire du livre*. Il nous explique les très grandes cassures qu'ont connues, dans notre histoire, le format du livre et son corrélatif, la position du lecteur. J'ai exprimé ma compréhension de son sujet de cette manière-là :

« Depuis que l'homme a laissé des traces de sa pensée... En effet, l'art rupestre propose déjà des images-signes. De là sont issus tous les systèmes d'écriture – cunéiformes, hiéroglyphes, caractères chinois, etc. – Puis, peu à peu, l'écriture donne naissance aux signes phonétiques.

« Le livre, lui aussi, évolue avec le temps : pierre, tablettes d'argile, bois, tissus, feuilles de palmier, papyrus, parchemin, autant de matériaux qui montrent la recherche de l'homme pour le support idéal. Du papyrus qui se déroule – le volumen –, le lecteur passe progressivement entre le IIe et le IVe siècle aux feuilles pliées en forme de cahiers joints – le codex. Vous imaginez l'importance de cette métamorphose qui modifie aussi la posture du lecteur.

« Les bibliothèques de l'Antiquité et du Moyen Age ont eu pléthore de livres uniques dont certains se sont perdus au fil des siècles. Il faut attendre l'utilisation du papier en Europe (apporté de Chine par les Arabes) pour voir les écrits se vulgariser. Au Moyen Age, la tradition était encore orale puisque les lais et les chansons épiques étaient portés de châteaux en châteaux par les troubadours. Les textes de cette époque sont « des manuscrits calligraphiés avec minutie et amour » nous disent Lagarde et Michard. Ils étaient destinés à des lecteurs professionnels qui lisaient à voix haute pour les autres.

« L'imprimerie donnera un essor réel à la lecture car elle permettra une copie plus aisée des œuvres. La xylographie utilisera le bois et précédera ainsi la typographie et ses caractères de métal. Gutenberg a travaillé toute sa vie sur ces procédés d'imprimerie pour en améliorer la technique. Peu de traces formelles nous sont laissées pour lui en attribuer la paternité ; d'autant que les Chinois avaient déjà mis au point, bien longtemps auparavant, des procédés d'imprimerie. Cependant, Gutenberg a fait converger un faisceau de techniques pour donner forme à la typographie. Alors, les écrits se multiplient et la lecture à voix basse, celle que l'on fait pour soi-même, s'intensifie. »

Dans une autre de mes publications, en 1997, *Lire mieux et plus vite* supplément du journal *L'Entreprise*, j'ai ajouté les précisions suivantes :

« Les premiers textes français imprimés à la Sorbonne remontent à 1470 ; François Villon, poète français, est édité pour la première fois en 1489. Parce que la lecture à voix basse prend de l'ampleur, parce que l'œil prend le relais de l'oreille, les règles de la versification se durcissent : l'assonance (un seul son semblable) n'est plus suffisante à la fin des vers ; pour qu'un texte soit considéré comme poétique deux sons sont jugés nécessaires : la rime est née. Ce n'est plus suffisant de faire rimer *clair* avec *mortel*, il faut par exemple *mort* avec *corps* ».

La révolution du texte

Et l'autre jour, je suis tombée sur un article de Roger Chartier, paru dans *Le Monde* du 19 mars 1999, qui exprimait ce que je ressentais profondément, depuis peu, sans l'avoir énoncé. À la question des journalistes, Florence Noiville et Raphaëlle Rérolle : « La période actuelle vous paraît-elle marquer une charnière essentielle dans les pratiques de lecture ? », Roger Chartier répond : « C'est même une césure plus importante que les précédentes. Le monde du texte électronique implique à la fois une révolution dans les structures du texte, dans les techniques de production et de reproduction, mais aussi dans le rapport à l'écrit. Le lecteur n'est plus seulement en position d'écrire dans les marges, mais aussi dans le texte lui-même. » Un peu plus loin, Roger Chartier fait le rapprochement entre cette nouvelle définition du texte et celle qui existait à la Renaissance : « des textes produits comme le résultat de collaborations, de révisions, de suites, celle d'un texte malléable et mobile, d'une œuvre ouverte ».

Ainsi, nous allons vivre cette révolution du texte et de son appartenance. Les idées galopent et appartiennent vite à tout le monde. Cette révolution concerne l'information et montre à quel point le travail en réseau sous-tend le travail d'aujourd'hui. Et face à ce phénomène grandiose, il y a des gens au goût du jour et des retardataires. Car comme le disait Cocteau : « *L'avenir n'appartient à personne. Il n'y a pas de précurseurs, il n'existe que des retardataires.* »

Alors prenons le train en route et tout de suite ! Même si l'appréhension est là. Le voyage en vaut la peine et les horizons sont colorés. Devenons des navigateurs *on line*, capables de tisser notre toile grande et large, prêts à entendre les nouveautés pour en vivre ou pour rester « branchés ».

Rester dans la course

Voici quelques démarches (chères, urgentes et – presque – incontournables) à mener :

1. Équipez-vous vite et bien en investissant dans :

- un ordinateur haut de gamme si vous l'achetez aujourd'hui afin de voir l'avenir sereinement (tout se démode si vite !). Les prochains logiciels vont demander à nos ordinateurs d'être encore plus puissants pour les faire tourner. Donc, vigilance : achetez, si vous le pouvez, un des derniers-nés ;

- une imprimante couleur ;

- un scanner, si possible ;

- un modem ;

- un lecteur DVD ;

- et un fax éventuellement (dans bien des cas nous commençons à nous en dispenser, les fax pouvant arriver via l'ordinateur directement sur notre imprimante).

2. Choisissez :

- un *provider* ou fournisseur d'accès ;

- une adresse e-mail (fournie généralement par le *provider*) ;

- des *bookmarks* (sites) qui deviennent pour vous autant de sources d'informations régulières et adaptées à votre métier ;

- un service d'hébergement pour vous faire un site. Il existe des services d'hébergement gratuits, en voici quelques-uns :
    - www.iFrance.com,
    - village.cyberbrain.com.

3. Travaillez différemment, c'est-à-dire :

- Privilégiez les envois de documentations par e-mail plutôt que par fax (économie de temps de transmission et de papier, utilisation facilitée pour le destinataire puisque tout est enregistré dans son ordinateur, réactivité, etc.).

- Acceptez les messages humoristiques dans votre réseau. Au besoin, fournissez-en quelques-uns. C'est fou le nombre de blagues qui circulent !

- Envoyez par exemple une carte de vœux personnalisée par mail pour les grands adeptes du mail. Limitez-leur cependant les manipulations d'ouverture de documents en faisant apparaître la carte et son texte à l'ouverture du message. Gardez la carte de vœux papier pour les autres.

- Recherchez une information de préférence assis à votre bureau grâce à un moteur de recherche plutôt que dans toutes les petites bibliothèques de votre quartier.

- Utilisez les forums de discussion qui sont des lieux de rencontres entre internautes du monde entier.

Créer son site Web

Il est facile de faire créer son site Web par un jeune, fou d'informatique. Pour moi, cela a été d'une facilité extraordinaire puisque mon plus jeune fils est tombé dans l'informatique lorsqu'il était petit et qu'il sait l'utiliser formidablement bien, sans même d'ailleurs que je sache par quel moyen il s'est formé. Posez la question autour de vous... Avez-vous eu connaissance des talents cachés de tel neveu, tel cousin, épris lui aussi d'informatique ? Si vous ne trouvez pas la perle rare dans votre entourage immédiat, sachez qu'il existe des professionnels spécialisés dans ce genre de travail ou encore que vous pouvez faire appel aux juniors entreprises des grandes écoles d'ingénieur. La plupart des écoles forment maintenant largement à l'informatique.

D'ores et déjà, si vous souhaitez consulter mon site Web, voici son adresse : www.aubonsens.com.

Un site Web permet aux personnes qui sont équipées d'un ordinateur de recevoir sur leur écran les informations que vous souhaitez donner. L'approche est plus conviviale que la feuille de papier car le site peut être animé par des images et des sons. Celui qui le consulte peut aussi y laisser des messages et entrer ainsi aisément en communication avec vous.

De plus, le propriétaire du site fait vivre son site au quotidien en le réactualisant aisément ; ainsi votre brochure ou votre vitrine est moins guettée par « le coup de vieux » que prend souvent la trace écrite !

Écrire clairement sur le Web

Dès que possible, ayez une page « perso » sur Internet indiquant votre parcours professionnel, ou mieux encore votre propre site.

Cette carte de visite devient incontournable. Elle vous fait exister dans une vitrine géante. Faisons le point ensemble des « plus » évidents qu'apporte Internet à votre réseau relationnel.

Pour celui qui cherche une information, Internet lui offre rapidité, efficacité, flexibilité :

- rapidité car une bibliothèque géante, des centrales d'achat et un réseau phénoménal sont là à portée de ses doigts ;
- efficacité car nous pouvons répondre dans l'urgence à beaucoup de demandes grâce à cette connexion facile ;
- flexibilité car le temps et la distance sont maîtrisés.

Pourquoi figurer sur le réseau du Web ?

- Les lieux d'accès à l'information sont multiples : en effet, quel que soit dans le monde le lieu où vous vous trouvez, l'accès à un ordinateur connecté sur le Web vous donne l'accès à votre réseau.

- La pluralité de l'information, les sources multiples vous rendent plus savant : il vous est possible d'entrer dans plusieurs points de vue avant de vous forger le vôtre. Vous êtes au cœur d'un réseau dont vous êtes tout à la fois le centre et les terminaisons. Attention, cependant, à ceux qui chercheraient à vous abuser.

- Le renvoi possible vers d'autres cibles vous permet aussi de tisser votre toile à distance. Partant d'un site, par exemple le vôtre, tout internaute peut naviguer dans un réseau que vous lui suggérez. Plus de cinq milliards de page sur Internet ! Vous avez l'embarras du choix…

- La facilité d'utilisation rend Internet accessible à presque toutes les générations. Chacun connaît des « cyberetraités » capables de voyager depuis leur fauteuil ou de converser avec la jeunesse via la toile.

- La correction facile et la réactualisation de l'information vous permettent d'avoir une carte de visite toujours à jour sur votre site.

- En ayant un site, vous optez d'emblée pour la modernité.

- Votre public s'élargit, devient plus jeune souvent, inventif, créatif. Internet vous permet d'avoir un réseau qui dépasse votre génération. Vous vous adressez à des gens que vous ne connaissez pas et vous évitez de vous cantonner dans un réseau de gens qui vous ressemblent.

- Un grand bonheur vous est offert avec le Web : le *feed-back* possible du lecteur ! L'interactivité est au rendez-vous. Il vous suffit de prévoir un lien sur l'écran qui affiche votre adresse e-mail.

- Enfin, entre autres avantages immédiats, vous optez pour le support multimédia par excellence : une possibilité de fusion de texte, d'image, de son et de vidéo.

À vous maintenant d'adapter vos outils à votre contexte. Pour quel public écrivez-vous ? À partir d'une même information, vos approches peuvent varier en fonction de vos différentes « cibles-web » : vous adressez-vous à tout public ou réservez-vous l'accès de votre site à des adhérents identifiés ? Auquel cas vous devrez prévoir code d'accès ou frais d'adhésion…

Quels sont vos différents publics et leur motivation, leurs attentes ? Les profils et objectifs possibles sont :

- les professionnels,
- les non-professionnels,
- les particuliers,
- vos partenaires,
- les jeunes,
- les entreprises adhérentes,
- les jeunes entrepreneurs,

- les préposés à la veille technologique,

- vos concurrents,

- les juristes,

- les ministères, etc.

À vous de vous rendre disponible à « l'écoute du lecteur », dont a priori, on ne sait rien. Mais si le récepteur du message n'est pas au rendez-vous, il n'y a pas communication ; il y a émission, c'est tout et c'est pauvre !

Tenez compte de vos spécificités d'émetteur

L'émetteur est responsable de sa communication. C'est lui qui doit aller vers l'autre et non l'inverse. Il est impossible de protéger son savoir longtemps, si ce n'est en déposant brevets et en protégeant ses idées comme je vous l'ai conseillé page 89. Il faut accepter de donner. Positivez en ayant toujours une longueur d'avance sur vos concurrents. Préparez l'étape suivante. Pendant que vos concurrents s'acharnent à vous copier, vous êtes déjà loin, franchissant la marche suivante.

Sur le Net, respectez toujours un principe-clé : écrivez « simple », vous écrivez pour le plus grand nombre. Vous êtes confronté à une nécessité : rester professionnel et accessible, expert et vulgarisé, rapide et pointilleux. Votre information se bâtit à plusieurs niveaux et pour plusieurs vitesses de compréhension.

Interrogez-vous sur les différents contenus à faire passer

- Quel est mon projet de rédacteur ?

- Puis-je résumer en une phrase mon message-clé ?

- Quelles sont les informations que possède déjà le lecteur ?

- Quelles sont les informations qui sont attendues ?

- Quel est le projet du lecteur ?

- Comment dois-je donner mes informations pour que le message soit reçu, compris et accepté ?

- Quel est mon message-clé ?

Vendez votre spécificité en même temps que le message lui-même. Donnez le réflexe aux internautes de cliquer sur votre site.

Prenez en compte le degré d'urgence et d'importance de ces contenus

- Qu'est-ce qui est urgent ? Important ? Important et non urgent ? Non important et non urgent ?
- Qu'est-ce qui va devenir rapidement important et urgent ?
- Que veut dire urgent ?
- Est-ce urgent pour moi, pour l'internaute ou pour nous deux réunis ?

Différenciez les supports et tenez compte des spécificités d'une page Web

Adaptez votre contenu au support. À vous de positionner les informations sur votre site en fonction du degré d'urgence et d'importance que vous donnez à cette information.

Sachez que, sur une page Web, l'œil est d'abord attiré par le cœur de l'offre puis par la colonne de gauche. Les meilleurs emplacements sont donc le centre, puis les colonnes de gauche et de droite. Le lecteur prêtera plus d'attention au haut qu'au bas de la colonne de gauche. Enfin le bandeau du haut, considéré comme une place privilégiée pour les publicitaires affiche cependant un « taux d'impact relativement faible ». Ces informations proviennent de Ipsos Mediangles dans son étude *Web Eye Tracking*.

- Évitez à votre lecteur d'avoir à descendre le curseur pour lire les informations-clés, évitez-lui ce qu'on appelle « les ascenseurs ».
- Tenez compte de la taille de l'écran et des baisses de vitesse de lecture.
- Sachez qu'un internaute doit trouver l'information qu'il cherche au bout de trois clics maximum sinon il a le sentiment de perdre son temps.

- De même, retenez qu'un internaute a régulièrement besoin de cliquer sinon il pense pouvoir accéder à l'information autrement, par exemple par une trace papier.

Anticipez sur le parcours de l'œil du lecteur

- L'œil du lecteur est plus performant dans les textes rédigés en colonnes que dans les textes qui utilisent toute la largeur de la page. L'œil du lecteur est aussi capable de balayer l'ensemble rapidement en s'appuyant sur certains mots phares que vous aurez mis en **gras**. Pour en savoir plus, je vous propose de vous référer aux deux livres que j'ai écrits sur ce sujet : *Lire vite et bien*, publié aux Éditions d'Organisation et *Devenir un lecteur performant*, publié chez Dunod.

- Utilisez le surlignage et les caractères gras pour créer des repères visuels.

- La jeune génération qui furète sur le Web est plus affranchie du texte que les précédentes. Elle s'est davantage habituée à la lecture directe sur écran sans passer par un tirage papier des informations à mémoriser.

- Contrairement à certaines croyances, l'habitude persiste de repérer d'abord le texte avant l'image. Je vous conseille donc de permettre à l'internaute de télécharger du texte d'abord afin qu'il ait à lire pendant que son ordinateur télécharge les images. Cela le fait patienter et évite qu'il s'en aille.

- La lecture sur écran nous impose une lenteur de déchiffrage plus grande de 25 % comparativement à la lecture traditionnelle d'une feuille de papier. Pour qu'un même confort de lecture s'installe, il est donc nécessaire de réduire de 50 %, et non de 25 %, le volume des textes mis en ligne. En naviguant sur certains sites, vous vérifierez cela en jaugeant votre propre confort de lecture. À vous de prendre en compte à la fois la vitesse et le confort de lecture.

- De même que les textes doivent être au moins deux fois plus courts, les phrases elles aussi doivent se réduire. Allez ! Courage ! Je vous donne la norme vers laquelle il faut tendre : 6 à 8 mots par phrase !

Travaillez votre style

- Sur votre site, ayez de la personnalité : plus vous êtes petit, plus vous pouvez vous le permettre. En même temps, restez professionnel !
- Utilisez l'humour mais modérément. Le Web, par la masse d'informations qui s'y trouve, s'assimile à un média rationnel. Faites donc attention au langage trop marketing.
- Utilisez des paragraphes courts, avec des sous-titres et des listes à puces. L'œil repère les mots-clés, les phrases et les paragraphes qui l'intéressent.
- Créez des titres explicites : l'internaute manque de temps pour chercher un sens à vos subtilités.
- Utilisez les liens hypertexte pour diviser les blocs. Si vous souhaitez rédiger un texte long, prévoyez de découper votre texte en différents tableaux. Vous commencez votre information par le texte le plus général, voire la conclusion. Au bout de quelques lignes, votre information s'arrête mais le lecteur a la possibilité d'entrer dans le détail en cliquant sur une icône « Pour en savoir plus ».

Vous devez tenir compte de deux impératifs :

- À chaque moment, votre lecteur peut vous quitter.
- Ce lecteur doit alors partir avec l'information.

Cela implique que le premier écran livre au lecteur l'idée maîtresse et que chaque écran suivant lui permette d'entrer dans les détails.

- Le plan que vous pourrez adopter avec facilité pour construire vos textes est la pyramide inversée. Le principe sous-jacent est le suivant : quel que soit le moment où le lecteur va arrêter sa lecture, il aura profité de l'essentiel de l'information. Vous proposez donc la conclusion de l'article en premier.
- Seulement 10 % des internautes font défiler la page au-delà de ce qui apparaît à l'écran. Ils font en revanche leur choix sur les options initialement visibles : à vous de particulièrement soigner les rubriques visibles.
- Pour bâtir des titres qui séduisent les moteurs de recherche et l'internaute, placez les mots forts au début du titre et suppri-

© Éditions d'Organisation

mez le maximum d'articles. Dès les premiers mots un titre doit répondre aux attentes d'un lecteur.

- Soyez simple : évitez les métaphores.

- Chassez au maximum les mots longs.

- Enfin, souvenez-vous : 1 paragraphe = 1 idée… illustrée éventuellement par plusieurs phrases. Mais cette aération du texte permet au lecteur de réfléchir à la synthèse d'un paragraphe, donc à l'idée qu'il exprime. Offrez-lui cette respiration.

Créez du trafic sur votre site

Imaginez des portes d'entrée pour que les internautes prennent contact avec vous.

Par exemple, sur mon site www.aubonsens.com j'ai prévu trois options :

- vous êtes formateur ;

- vous êtes une entreprise ;

- vous êtes un particulier.

Bien sûr, si les gens prennent contact avec vous, il faut que vous répondiez. À vous aussi d'avoir prévu les limites que vous mettrez à cette correspondance.

Donnez des pistes pour que les gens circulent sur votre site : renvoyez par exemple à des sites utiles, différents du vôtre, voire complémentaires. J'ai ainsi mis sur mon site des liens avec d'autres sites dans une rubrique spécifique.

J'ai ajouté aussi un lien avec un site américain pour ceux qui veulent une formation en anglais.

Enfin, inutile de mettre un compteur du nombre de visites. Ces compteurs sont rarement représentatifs, car falsifiés dès le départ par de nombreux concepteurs de site. De plus, ils vous desservent s'ils affichent un petit nombre de passages.

Se faire référencer par des moteurs de recherche et des annuaires

Pour se faire référencer, trois solutions :

1. La solution confortable : choisir un *webmaster* et le laisser faire.

2. Autre solution confortable : faire appel à un site spécialisé dans le référencement gratuit (par exemple : www.reference-ment-2000.com).

3. La solution économique : se débrouiller tout seul.

Pour cela, sachez que vous pouvez passer, par exemple, par www.iFrance.com qui vous donnera toute une procédure accessible à tous. D'autres sites vous offrent ce service, par exemple, www.dromadaire.com ou d'autres encore que vous pourrez trouver en entrant sur un moteur de recherche, comme Google, les mots suivants : « se faire référencer ».

Quelques moteurs de recherches ou annuaires incontournables :

- francophones : Google, Francité, Copernic, Altavista, Nomade, Voila, Excite, Lycos, Lokace, la Toile du Québec, Yahoo ;
- anglophones : Hotbot, WebCrawler.

Pour vous faire référencer, préparez votre texte. Parlez de vous en mots-clés. Ces mots-clés serviront de *metawords* ou *keywords* définis dans le code de la page. Si vous avez pensé à supprimer les articles dans vos titres, vous permettez aux moteurs de recherche de vous retrouver plus rapidement.

Laissez vos références à ceux qui ont besoin de votre prestation : vous serez cité en même temps qu'eux et vous serez du coup trouvé plus facilement sur le Net.

Vérifiez régulièrement ce qu'il est dit de vous via les annuaires.

Faites des mises à jour régulières de votre site et faites-le de nouveau référencer selon les mêmes procédures.

Enfin, inscrivez-vous sur un site qui vous permette de connaître votre taux de visite.

En plus de vous faire référencer dans les moteurs de recherche et les annuaires, si vous êtes un professionnel, faites-vous également référencer dans les pages jaunes de France Telecom (www.pagesjaunes.fr).

Les pages jaunes de France Telecom, un minimum pour une petite structure

J'ai parfois en formation depuis quelques années un participant très agréable qui a comme profession « la location d'un lieu de réception ». Il avait souvent très bien expliqué la façon dont il travaillait, et les différentes professions qui gravitaient autour de la location de cette grosse maison bourgeoise proche de Paris. Ainsi, il travaille en réseau avec des traiteurs, des éclairagistes, des musiciens, etc. en fonction des attentes de ses clients. Et il peut aussi louer sa maison sans les prestataires.

Il avait eu l'occasion de me donner une carte avec ses coordonnées.

Un jour, quelqu'un de ma famille cherchait une salle à louer. À tout hasard, je l'appelle, je lui demande ses conditions, les dates disponibles et, à un moment, je lui demande : « Votre entreprise marche bien ? Vous travaillez régulièrement ? » et il me répond : « Ma maison ne désemplit pas… surtout depuis que j'ai mis mon site dans les pages jaunes. C'est de la folie ! ».

Je me rends compte alors que j'avais une vieille carte sans l'adresse du site Web. Je me rue à mon tour sur les pages jaunes et sur le site, et je réalise la différence. Quelques jolies photos d'une jolie maison, accessibles du monde entier par le biais du Web. Sur les pages jaunes, c'est clair ! Une publicité comme ça se fait toute seule ! Et moi, j'ai retenu et l'adresse de la maison… et l'idée du site sur les pages jaunes.

Surfer sur Internet

Les journées sont trop courtes pour avoir le temps de travailler, de vivre sa vie personnelle, de faire ses courses, de se reposer et… de surfer sur Internet ! Qui n'a jamais rêvé d'un Aladin jaillissant de sa lampe magique pour faire à notre place tout ce qui nous contraint. Le temps de loisir serait alors très conséquent, notamment pour surfer sur Internet.

Aladin existe bel et bien grâce à Internet : vous pouvez tout obtenir depuis votre chaise. Vous commandez votre pizza et votre voiture, vous offrez des fleurs à votre belle, vous consultez une bibliothèque géante, vous lisez votre journal sur votre écran et bientôt votre réfrigérateur gérera lui-même vos stocks grâce à lui !

Internet vous propose des connaissances incroyables nichées dans des sites répertoriés par des moteurs de recherche : le monde et ses idées sont à vous. Il vous suffit d'émettre une idée, un mot et votre ordinateur travaille pour vous !

Il existe aussi des forums de discussion qui traitent de sujets généraux. Vous entrez un message, une citation, un texte dont vous souhaitez parler et tout le monde peut le lire et y apporter sa réponse. Toutes les personnes peuvent même avoir accès à toutes les réponses. Ce n'est pas du dialogue en direct, c'est un dialogue différé, voire réfléchi, et qui peut créer des liens intéressants pour votre réseau.

Vous pouvez vous alimenter en histoires drôles sur un site comme darwinawards.com/français/ ou en projets de sortie sur des sites trouvés grâce à www.google.fr, par exemple.

Vous trouverez encore sur Internet des salles de chat (prononcez « tchat », à l'anglaise !). Là, ce sont des discussions directes : vous arrivez dans une « salle » où des personnes « parlent » déjà et vous pouvez vous insérer dans la conversation. De la même manière, vous pouvez « parler » en privé à un des protagonistes. Les discussions dans les salles de chat peuvent être spécialisées : certaines parlent d'un sport, d'un métier, d'autres concernent la politique, la littérature, l'amour…

Maintenant, même la langue utilisée n'est plus un obstacle dans la communication. Grâce à Internet, certains sites proposent de traduire les textes que vous recevez dans la langue de votre choix. Qu'elle soit parfaite ou « cafouilleuse », cette traduction a le mérite de laisser s'établir la communication. Bien sûr, vous pouvez aussi, grâce à Internet, prendre contact avec un traducteur professionnel.

Exister sur Internet : Google et vous…

Essayez de vous faire connaître. Si je tape votre nom sur Google, saurais-je quelque chose de vous ?

Et les blogs ou weblogs ?

Un blog, qu'est-ce ? Une sorte de monologue interactif qui ressemble à un carnet de notes publié sur Internet. Chaque article peut contenir du texte, des photos, des liens avec d'autres blogs, avec des sites Internet... Les lecteurs peuvent mettre eux aussi des commentaires sur chaque article lu, ce qui donne de l'interactivité. Et surtout, l'utilisation en est très conviviale, aussi simple que l'envoi d'un e-mail... Le blog permet une prise de position avec signature, à la différence du site Web qui donne de l'information objective. Il offre la possibilité d'affirmer des opinions avec tout à la fois humilité et appel à la critique. Certains blogs permettent une écriture collégiale. Ils sont de plus en plus utilisés en interne, dans les sociétés, pour distribuer de la connaissance.

En quelques années, il s'est créé des millions de blogs dans toutes sortes de domaines :

- des journalistes qui publient à côté de leur journal,
- des inconnus qui mettent sur le Web leur journal personnel,
- des hommes politiques pour ouvrir une tribune vers leur électorat,
- des entreprises pour communiquer avec leurs clients, etc.

Quand un blog trouve une audience significative et durable, c'est souvent au sein d'une communauté qui se retrouve bien dans les messages de ce blog et les discussions qu'il déclenche.

En voici quatre, pour l'exemple :

- www.loiclemeur.com/france/
- www.livejournal.com
- eurotelcoblog.blogspot.com
- Et le mien : www.aubonsens.com

Adhérer à linkedin, trombi, viaduc, lescopainsdavant, alumni, geocities

PlanetAll.com a été un des premiers sites à développer une application pratique très innovante à l'époque : permettre aux adhérents d'enregistrer leurs coordonnées et toutes les communautés (famille, école, entreprise, club...) auxquelles ils appartiennent ou ont appartenu. Les adhérents décident aussi du niveau de confidentialité de ces informations. À partir de là, chacun peut avoir accès aux coordonnées des membres de « ses » communautés. PlanetAll ressemble à un annuaire personnel, planétaire, accessible de partout et toujours à jour. De plus, c'est un annuaire « en mouvement » : en effet, vous pouvez indiquer vos déplacements à PlanetAll qui recherchera celles de vos relations qui habitent ou qui se rendent aux mêmes destinations que vous. Incroyable, non ? Et vous entretiendrez toujours, grâce à Internet, tout votre réseau à distance. Il suffit que le moindre maillon y soit connecté !

La nouvelle adresse de PlanetAll est geocities.yahoo.com

Depuis, de nombreux sites appliquent ces mêmes principes : www.linkedin.com et www.viaduc.com sont parmi les plus connus. Cette organisation en réseaux exploite une des grandes idées de Stanley Milgram concernant les six degrés de séparation entre deux personnes : chacun d'entre nous est toujours relié à toute autre personne par le biais d'au maximum six degrés de personnes. Sur le site www.journaldunet.com, le ton est lancé : « Et si l'on vous disait qu'il n'y a que six intermédiaires entre vous et votre idole ? »

Dans le journal de la www.neteconomie.com, les conséquences sont évoquées : « Un réseau virtuel se construit ainsi de manière exponentielle et permet de mettre en relation des personnes qui ne se connaissent pas directement mais qui ont souvent un ami en commun, directement ou via un faible nombre d'intermédiaires. »

Ces sites permettent donc aux adhérents de tisser leurs réseaux via Internet. Par la suite, ils peuvent utiliser leurs réseaux et ceux des autres membres pour rechercher un emploi, faire du commerce, retrouver d'anciens amis, s'implanter facilement dans un nouveau pays ou initier de nouveaux contacts amicaux. Cela simplifie la communication et le suivi de contacts. Chacun peut aussi choisir d'y protéger sa confidentialité.

Dans la vie courante, il est difficile de mettre en lumière les liens indirects entre personnes ayant les mêmes intérêts. Ce système rend évident les liens qui existent entre le réseau de vos contacts et vos réseaux initiaux : vous gagnez ainsi beaucoup de temps.

Mon conseil cependant : en fonction de ce que vous vivez et de vos ambitions « réseau-iques », choisissez la formule qui vous paraît adaptée. Si vous êtes noyé sous les contacts, vous gèrerez mal votre énergie. Si, par exemple, vous êtes déjà facilement identifiable sur le Web, inutile d'augmenter inconsidérément les portes qui permettent d'entrer en relation avec vous (pour le meilleur et pour le pire !). Gardez du temps libre pour vous, pour votre réflexion, pour vos « virtuelles retraites dans le désert » (voir plus haut, *Être attentif à ses émotions.*) Il y a tant de moyens maintenant de se connecter à d'autres qu'il me semble nécessaire de redevenir vigilant et attentif à ses choix.

Tenez les rênes de votre temps donc de votre vie

S'adapter à un monde qui bouge

Pour vous occuper d'un réseau, il faut bien gérer votre temps. Ce réseau, en effet, va vous en demander beaucoup, aussi bien lorsque vous le constituerez ou l'oxygénerez que lorsque vous devrez le gérer au quotidien. Temps personnel, professionnel, social et familial : vies personnelle, professionnelle, sociale et familiale…

Le temps est une denrée rare : ces minutes qui passent et que vous octroyez à ceci ou à cela, c'est votre vie. À vous de lui donner les axes que vous souhaitez ; à vous d'y mettre en valeur ce qui importe à vos yeux. Lorsque nous sommes pris dans une course au temps qui nous force à enchaîner un nombre incalculable d'actions, nous perdons de vue que nous construisons aussi, au quotidien, notre futur. Gérer son temps, c'est gérer sa vie, et pour bien gérer son temps, il faut en permanence aussi gérer celui des autres.

Pour réussir toute action, il importe de s'offrir les quatre phases-clés suivantes : préparation, action, bilan et suivi. La préparation est souvent sacrifiée ; elle est pourtant essentielle même si elle requiert beaucoup de temps. L'action est menée ensuite avec goût, souvent, et impose un bilan de ce qui a été accompli. Le suivi intervient en dernier car, quoiqu'il arrive, il importe d'entretenir les liens afin de prendre connaissance des retombées parfois inattendues et tardives qu'auront nos actions.

De même, dans la gestion de votre réseau, pensez à faire le point sur l'urgence. L'urgence pour l'un n'est pas toujours l'urgence pour l'autre. D'ailleurs, ce mot ne veut finalement rien dire : il ne prend corps qu'à partir du moment où il se concrétise avec une date ou un délai. Ainsi, nous devons différencier ce qui est *important et urgent*, ce qui n'est *pas important mais malgré tout urgent*, de ce qui est *important mais non urgent* ou encore de ce qui n'est *ni important ni urgent*. Nous aurons toujours à donner priorité à ce qui est important et urgent.

Pour vivre heureux, il est doux de réaliser tous les jours quelque chose qui est important pour soi, de se ménager des temps de création personnelle et de se préserver des temps de silence, d'isolement et de réflexion.

Le b.a.-ba des bons outils

Voici quelques outils qui vous permettront d'améliorer la gestion de votre temps personnel, temps professionnel ou temps de « réseauteur » :

Rédigez des pense-bêtes pour vos réunions

Si vous convoquez les membres de votre réseau à une réunion, voici un pense-bête qui vous permettra de les motiver et de les guider. Indiquez sur la convocation :

- les objectifs de la réunion,
- le responsable de la réunion,
- les participants attendus,
- la date, le début et la fin prévus de la réunion,
- le lieu,
- les copies des informations données à …,
- la préparation à prévoir pour les participants : informations préalables, questions à poser, documents à apporter, matériel nécessaire…

Évaluez le temps

Listez les activités en cours et celles que vous avez à entreprendre dans la semaine :

Quoi ?	Comment ?	Durée :

Élaborez des plans d'action

Il est utile de savoir transformer ses objectifs en plan d'action. Pour cela, il faut se fixer un objectif parmi ceux qui sont en projet et le noter pour dérouler le plan d'action.

Responsable(s) : ....

Date : ....

Diffusion : ....

Projet : ....

Objectifs : ....

Activités	Durée	Échéance	Responsable	Résultat

Utilisez des outils concrets

Utilisez absolument un agenda où vous allez :

- barrer systématiquement les moments à consacrer à vos enfants, à vos loisirs, à votre vie personnelle ;
- marquer systématiquement les dates où il vous faut avoir remis, rédigé, posté tel ou tel document ;
- lister quotidiennement ce qui a été fait et ce qu'il faudra faire le lendemain ;
- évidemment, marquer les rendez-vous et tous les renseignements s'y afférant ;

Utilisez également, selon vos besoins et vos possibilités financières :

- un téléphone, le minitel, un répondeur, un fax ;
- un dictaphone et un portable, peut-être ;
- et tout ce que nous avons évoqué page 163 concernant l'équipement informatique.

Enfin, pensez à :

- prendre systématiquement des notes de manière structurée au téléphone et en entretien ;
- traiter rapidement les prises de notes ;
- prendre des notes sur les demandes et les démarches à faire ;
- déléguer les tâches et les responsabilités (enfants, conjoint ou compagnon, personnel, etc.) ; mieux vaut parfois quelqu'un qui fait moins bien que vous plutôt que de rester le grand responsable de tout !
- classer les documents au fur et à mesure de leur arrivée ;
- maîtriser les appels téléphoniques et les entretiens ;
- organiser l'espace et les classements.

Ayez en tête quelques outils abstraits

- Déterminez à l'avance le temps à consacrer à telle ou telle activité.
- Parlez à votre conjoint ou compagnon de vos objectifs fondamentaux pour qu'il vous aide à les atteindre.

- Préservez absolument des moments de solitude pour réfléchir, faire le point, anticiper sur de nouvelles actions ou tout simplement vous ressourcer dans le silence ou dans la nature. Il faut savoir perdre du temps d'abord… pour en gagner ensuite.

- Fuyez les personnes qui font perdre du temps ou qui démotivent. Allez les voir sur leur territoire et non l'inverse : vous gérerez mieux votre temps avec elles.

- Considérez l'imprévu comme une activité et réservez-lui du temps.

- Posez-vous comme questions face à l'urgence : pour qui, pour quand, pourquoi ?

- Ménagez-vous des temps de loisir en famille.

- Prenez la mesure des réalisations.

- Ménagez-vous des plages horaires personnelles.

- Créez régulièrement de nouveaux projets.

- Concentrez-vous sur l'essentiel.

- Et utilisez des méthodes et des outils d'organisation personnelle.

Soyez souple avec les maillons de votre réseau

Évitez de vous croire toujours indispensable : déchargez-vous sur les autres de certains rôles et faites confiance. Soyez respectueux de leur gestion du temps et soyez exact. Sachez dire non s'il le faut. Enfin, fixez une limite à vos entretiens téléphoniques ou en face à face. Une bonne gestion du temps permet d'entreprendre largement. Vous découvrirez vite le plaisir qu'il y a à s'organiser, anticiper, planifier, déléguer, imaginer des résultats... Votre temps vaut de l'or et vos initiatives vont vous doper. Faites-vous confiance.

Adaptez les outils Outlook à vos besoins

Que de personnes oublient d'aller naviguer dans ces outils merveilleux que contient Outlook ! L'ensemble est si facile d'usage que même un débutant peut s'en sortir sans manuel.

Vous avez alors sur votre bureau :

- un répertoire fabuleux à remplir au fur et à mesure (indispensable à tous les réseauteurs car vous pouvez même classer vos contacts par catégorie) ;

- une liste de tâches qui se met à jour et vous envoie des rappels automatiques le jour dit ;

- et, bien sûr, un agenda électronique (dont vous pouvez faire des tirages papier si vous préférez garder une trace écrite).

L'organisation s'augmente encore si vous acquérez un agenda de poche électronique qui se met à jour en quelques minutes avec votre ordinateur de bureau. Et votre organisation réseau fait un bond en avant supplémentaire si vous avez un appareil photo miniature qui vous permet de photographier les personnes que vous rencontrez. Attention ! Le droit à l'image n'est pas une plaisanterie et vous devez veiller à être irréprochable vis-à-vis des personnes ou des sites photographiés.

Quel est le coût d'entretien d'un réseau ?

Du temps et de la réflexion, certainement. De l'argent, peut-être... En somme, cela coûte :

- votre prix à l'heure pour ce temps que vous donnez ;

- vos frais de réception et de documentation si vous êtes généreux ;

- votre temps de réflexion si vous y pensez en conduisant, en vous lavant ou en pratiquant votre jogging ;

- ou encore cela ne vous coûte rien car toutes ces sommes et tout ce temps, vous les auriez de toute façon utilisés de cette façon-là dans un but amical ou professionnel.

Le réseau coûte ce que vous êtes prêt à y mettre, sauf si vous en devenez un leader sous pression, devenu indispensable à tous et sur lequel tout le monde se repose ! À vous de connaître, à l'avance, la limite au-delà de laquelle vous jugerez cela insupportable.

Attention cependant : un réseau qui marche vous offrira très certainement un retour sur investissement fabuleux. Alors faut-il se soucier des comptes si vous en êtes heureux et si vous avez

© Éditions d'Organisation

l'impression d'être utile ? Et ce retour sur investissement peut se faire attendre un ou deux ans avant de pointer le bout de son nez... ce qui le rend encore plus difficilement quantifiable.

Étape/bilan : le temps et vous

1. Repérez vos « consommateurs de temps » pour la gestion de votre réseau

POINT I
- Quelles sont les activités qui vous prennent trop de temps ?

- Quelles sont les personnes qui vous font perdre du temps par leurs discussions, leurs requêtes, etc. ?

- Dans ces situations-là, quels sont, d'après vous, vos points faibles ?

POINT II
- Quelles activités gérez-vous vite et bien ?

- Quelles sont les personnes avec lesquelles vous avez le sentiment de bien gérer votre temps ?

- Dans ces situations-là, quels sont, d'après vous, vos points forts ?

2. La valse à quatre temps : alternance de vos différents rôles

	Temps imparti à chaque activité	
	Sur 1 semaine	**Sur 1 mois**
Les spécificités de votre vie		
Rôle familial		
Sport, art…		
Travail		
- Rôle 1		
- Rôle 2		
- Rôle 3		
Soutien des amis, des voisins, des frères, sœurs ou parents		
Activité dans des associations variées		
Animation du réseau		
Nombre de lieux pour ces différentes vies	**Avantages**	**Inconvénients**
Un seul		
Deux		
Ou plus encore		

3. Moi/ ma vie/ le temps…

	Pour l'ensemble de ma vie	Pour ma vie professionnelle	Pour la vie de mon réseau
À la fin de ma vie, quand je me retournerai sur mon passé, je serai fier, content car j'aurai réalisé…			
Dans les cinq ans qui viennent, je veux vivre ou réaliser…			
Si, dans les six mois à venir, arrivait la fin de ma vie, que voudrais-je absolument avoir réalisé ou vécu ?			

Conclusion

Imaginer demain et s'adapter à un monde éclaté

« Quand je n'aurais appris qu'à m'étonner,
je me trouverais bien payée de vieillir. »
(Colette.)

Sentir l'air d'aujourd'hui et celui de demain

Vous avez deviné qu'il est impossible de rester recroquevillé dans sa coquille, en protégeant ses acquis et en oubliant l'environnement.

Vous avez conscience que ces multiples antennes que vous développez tous azimuts, ces réseaux que vous seul entrecroisez vous permettent peu à peu de sentir l'air du temps. Vous devenez par ce biais-là sensible aux nuances qui vous entourent et vous relativisez vos savoirs en fonction des sources que vous avez eues.

D'ailleurs, à l'heure actuelle, ce n'est pas tant l'air du temps présent qu'il faut repérer que celui à venir. Si vous vous contentez d'observer aujourd'hui, vous faites du « sur-place ». Il vous faut donc impérativement rêvasser, supputer, imaginer follement, extrapoler sans mesure pour concevoir ce qui vous nourrira demain, intellectuellement et concrètement. Bâtissez des châteaux en Espagne, soyez Pierrette et son pot au lait « dansotant » en rêvant de ses gains en cascade : tout cela a du bon. En imaginant ce que nous apprenons puis ce que nous en ferons, nous progressons et bâtissons l'avenir.

Deux perspectives à dessiner

1. Vos objectifs et les objectifs de votre réseau

Pour imaginer demain, faut-il dans votre cas différencier votre objectif personnel de votre objectif professionnel et des objectifs de votre réseau ? J'aime bien laisser voguer les imaginations à la recherche d'un monde à venir. Je trouve instructif ces extrapolations qui ne sont que fictions mais qui, souvent, ont des airs précurseurs. Chacun peut ainsi avoir conscience de ce que sera son métier ou son mode de vie à l'avenir ; il est même souvent le seul à pouvoir les imaginer avec tant de précision.

C'est ce grain de folie que je vous propose de laisser éclore en vous. Comment imaginer que nos métiers et nos rythmes de vie resteront identiques dans les années à venir ? Tout évoluera car les notions de temps et de compétence vont changer encore en modifiant la donne.

Voici un tableau qui vous aidera à découvrir dans les réponses les recoupements éventuels. Vous verrez que vos objectifs sont indissociables de votre gestion du temps.

Que souhaitez-vous réaliser ?

	Pour vous	Pour votre entreprise	Pour votre réseau
Demain			
Dans une semaine			
Dans un mois			
Dans un an			
Dans trois ans			
Dans cinq ans			
Dans dix ans			
Dans votre vie			

Idée : en agissant demain, gardez présente à l'esprit la mission de votre vie.

Elle vous donnera courage et direction.

2. Imaginer demain

1. Utilisez des exemples, des métaphores, des images, des slogans pour imaginer demain …

* vous :

_____

_____

* votre profession :

_____

_____

* votre réseau :

_____

_____

* votre pays :

_____

_____

2. Votre réseau, l'Europe et l'international :
Ce qu'il faudra acquérir :

_____

_____

* Les pièges qu'il faudra éviter :

_____

_____

_____

Vos conclusions :

_____

_____

_____

S'adapter à un monde qui bouge

Lorsque vous créerez les contacts nécessaires à votre réseau, pensez à anticiper sur l'évolution de notre monde. Tenez compte des nouveautés (produits et services), des organisations qui se font jour et des nouveaux modes de communication. Enfin, ayez en tête que le public change, devient de plus en plus exigeant sur la rapidité d'exécution, sur la qualité et sur le prix. Veillez à bien vous entourer ; choisissez des maillons modernes et innovants.

Un réseau peut-il dépasser nos espérances ?

Mille fois oui ! La cohérence de votre itinéraire, la logique de votre projet, la clarté de vos propos peuvent donner un essor énorme à votre réseau et à vos projets. Vous aviez senti le vent, vous êtes sur la crête de la vague et votre réseau vous propulse plus loin encore que vous ne le pensiez.

Il arrive même un moment où vous savez encore le nombre de gens que vous connaissez mais où vous ne maîtrisez plus le nombre de gens qui vous connaissent. Certains de vos prescripteurs sont pour vous des inconnus ; le bouche à oreille fait son œuvre sans vous. Bonne traversée !

Vie et mort d'un réseau

Nous avons comparé un réseau à un être vivant qui a besoin d'être nourri, cultivé, oxygéné... et, comme un être vivant, un réseau meurt. Il peut mourir prématurément si personne ne l'entretient, il peut mourir avec son créateur si personne ne se sent désireux de prendre la relève. En revanche, il peut traverser les siècles si la mort d'un des participants, fusse-t-il le fondateur, est palliée par les initiatives des autres participants.

Certains réseaux, cependant, sont mort-nés lorsqu'ils restent en friche, oubliés qu'ils sont de vous...

Heureusement, à tout moment, vous pouvez décider d'oxygéner votre réseau relationnel. Une fois la pompe remise en marche, l'énergie de nouveau disponible, il vous faudra rester vigilant pour l'entretenir en vie. Le charme du réseau est qu'il peut servir de temps en temps, de loin en loin. Comme l'amitié, il peut rester fort sans avoir à témoigner régulièrement, mais simplement en donnant signe de vie de temps à autre.

Pouvons-nous nous faire éjecter de notre propre réseau et vivre sans réseau ?

Bien sûr, vous pouvez vous faire éjecter de votre propre réseau ! Vous avez mis en relation plusieurs personnes, plusieurs métiers, et il peut vous arriver d'être hors connexion à votre tour ! Cela arrive en amitié, cela peut arriver dans un réseau : les gens peuvent décider de se passer de vous si un jour, entre vous tous, les cartes sont faussées ou si le consensus paraît difficile à obtenir.

Vous retrouvez dans un réseau le même type de risque que dans une entreprise : un chef d'entreprise peut avoir monté son entreprise et se retrouver du jour au lendemain dépossédé de l'affaire par un associé ou par les actionnaires.

Vous pourrez vivre sans ce réseau-là mais sans doute aurez-vous rapidement besoin de vous en créer un nouveau. Car un réseau, même si nous le nourrissons, nous nourrit aussi.

Un réseau vieillissant : est-ce grave, Docteur ?

Si dans votre réseau, vous n'avez plus que des gens de votre génération, oui, ça l'est. Élargissez la pyramide des âges, vous y gagnerez en confort, en crédibilité et en qualité.

Si vous n'avez dans votre réseau que des gens plus âgés, dommage… Vous vous privez du dynamisme et de l'impétuosité revigorante de la jeunesse et vous les privez de votre expérience.

Si vous n'avez dans votre réseau que des gens plus jeunes, soit vous êtes déjà très vieux, et les générations qui vous ont précédé se sont clairsemées, soit vous avez un rayonnement fort auprès de la jeunesse : tout cela est signe de bonne santé !

Une seule chose dont je sois sûre : un réseau qui a de l'ancienneté est un réseau actif sur le long terme et c'est une valeur sûre. Un réseau trop récent manque souvent d'expérience. Pour réussir avec ceux à qui vous donnez votre confiance, il faut avoir partagé du temps. Un réseau qui vieillit est un signe de solidité : il faut simplement s'assurer que les différents protagonistes sont toniques et vaillants et que la porte sera toujours ouverte pour des plus jeunes.

L'avenir sera-t-il réseau-né ?

Notre société est tissée de réseaux. Ils deviennent sa modernité.

L'aménagement du temps de travail, l'éclatement des emplacements pour le travail, la nécessaire spécialisation des tâches due à la haute technicité de certaines sont autant de facteurs qui nous font travailler différemment.

Les réseaux deviennent des gisements d'emplois car ils maintiennent dans la course de petites structures qui se regroupent et qui seraient sinon étouffées par les *trusts*. Grâce aux réseaux, le travailleur indépendant et la très petite entreprise continuent d'entreprendre et prennent des risques nouveaux et des responsabilités. Les grandes entreprises jouent, quant à elles, une carte internationale grâce à leurs réseaux.

Sans eux, chacun resterait déconnecté du monde, sans projet, sans avenir… Le monde est définitivement réseau-né grâce à des personnes réseau-nables.

Tous ces réseaux dont je viens de parler montrent que les gens ont besoin de se créer des affiliations différentes de celles de leur univers strictement professionnel ou hiérarchique. Les participants montrent leur indépendance, face à un système majeur, en s'offrant une « dépendance » relative et volontaire à un système mineur. Voici un moyen, pour chacun, de se créer une zone de liberté en appartenant à une structure marginale et délibérément choisie, où il se sent acteur.

Solidarité sans frontières

Tous ces liens que les réseauteurs cherchent à créer sont peut-être le signe d'une fraternité nouvelle et non simplement celui d'une concurrence acharnée. La solidarité internationale, lors du cataclysme en Asie en décembre 2004, a montré ce désir individuel d'être attentif à la collectivité. Il n'a plus été question de clivages religieux, de pauvres ou de riches ou de couleurs de peau. Les mains tendues étaient ouvertes et désireuses de créer du lien. Est-ce le signe que ce monde, devenu si facilement accessible grâce à tous ces réseaux de communication, peut devenir plus fraternel ?

J'y crois car si, individuellement, nous continuons à donner et à recevoir, à aiguiser notre curiosité, à écouter et à échanger, à imaginer sans cesse, si nous pensons à nous recueillir parfois dans « le silence du désert », à vivre authentique et audacieux, à inventer et refaire le monde, à rire et sourire, enfin à apprendre encore et encore… alors notre société en réseaux, enrichie de ces hommes et de ces femmes rayonnants, sera flamboyante.

Sites Internet
et blogs à consulter

Vous retrouverez ici les adresses de tous les sites Web cités dans le livre, ainsi que quelques adresses complémentaires qui m'ont semblé intéressantes.

Le mien : www.aubonsens.com

Pour intégrer un réseau existant

Réseaux de femmes

- www.actiondefemme.fr
- www.actionelles.fr
- www.annuaire-au-feminin.tm.fr
- www.bpw-europe.org/france
- www.cyber-elles.com
- www.dirigeantes.com
- www.fcem.net
- www.feminad.com
- www.parispwn.net
- www.niputesnisoumises.com

Réseaux internationaux

- www.cf-chine.com
- www.geocities.com
- www.resafad.net ou www.edusud.org

Réseaux divers

- 6nergies.net
- www.alumni.net
- www.copainsdavant.com
- www.dcf-france.com
- www.linkedin.com
- www.lionsclubs.org, www.lions-france.org, www.lions-sel.org
- www.meetic.fr
- www.placedesreseaux.com
- www.trombi.com
- www.viaduc.com
- www.winebusinessclub.fr

Pour gérer sa présence sur le Web

Créer son site ou un nom de domaine

- village.cyberbrain.com
- www.iFrance.com
- www.ovh.com

Se faire référencer sur le web

- www.dromadaire.com
- www.referencement-2000.com

Pour trouver un emploi

Trouver les coordonnées d'une entreprise

- www.bottin.fr
- www.pagesjaunes.fr

Obtenir de l'aide ou des financements pour les créateurs d'entreprise

- www.anvar.fr
- www.apce.com
- www.clubessor92.com
- www.education.gouv.fr/creation

Consulter les offres d'emploi

- www.anpe.fr
- www.apec.fr
- www.cadremploi.fr
- www.cadresonline.fr
- www.jobfinance.fr
- www.jobpilot.fr
- www.keljob.fr
- www.lesjeudis.com
- www.lve.fr
- www.monster.fr
- www.ouestjob.com

Recruter et être recruté (pour les indépendants)

- www.3ci.asso.fr
- www.independants.fr
- www.michaelpage.fr

Créer une association professionnelle

- www.associationmodeemploi.fr

Protéger vos idées :

- www.creasafe.com
- www.cyberprotec.com

- www.fidealis.com
- www.inpi.fr
- www.primao.com
- www.sacd.fr
- www.sacem.fr
- www.scam.fr
- www.sgdl.org

Envoyer un fax

- www.efax.com

Pour s'informer

Via un moteur de recherche

- www.altavista.fr
- www.copernic.com/fr/
- www.excite.fr
- www.francite.com
- www.google.fr
- www.hotbot.com
- www.lycos.fr
- www.nomade.fr
- www.toile.qc.ca/
- www.voila.fr
- www.webcrawler.com
- www.yahoo.fr

Sur l'actualité

- www.cnn.com
- www.google.fr
- www.lemonde.fr
- www.msn.fr

- www.ratp.fr
- www.webactu.net
- www.sytadin.tm.fr

Sur le marketing viral

- www.fluxus.net

Sur des sujets incontournables ou innovants

- www.afm-marketing.org
- www.afnor.fr
- www.allquality.org
- www.clubdelacom.com
- www.ebg.net
- www.garf.asso.fr
- www.hypermonde.net
- www.labelis.com
- www.leclub.org
- www.magellan-network.com

Sur les systèmes d'information

- www.adeli.org
- www.andsi.asso.fr
- www.cigref.fr

Pour découvrir les blogs

- eurotelcoblog.blogspot.com
- www.aubonsens.com
- www.livejournal.com
- www.loiclemeur.com/france/
- www.blogjob.net
- www.bibear.com
- www.altaide.com/

Pour se divertir

- www.abc-tabs.com
- www.allocine.com
- www.cybercd.fr
- darwinawards.com/francais/
- www.gratilog.net
- www.juniorisep.com
- www.pari-roller.com
- www.performanse.fr
- www.programmationworld.com
- www.premiere.fr
- www.sport4fun.com
- www.telecharger.com

Pour faire du troc

- asso.francenet.fr/sel/
- www.france-troc.com
- www.parispwn.net/gef/gef.html

Certaines de ces pistes ont été trouvées par Nicole Avril, chargée de mission réseaux des diplômés de l'ESCEM - Groupe École supérieure de commerce et de management Tours – Poitiers. Elles étaient destinées aux étudiants de l'ESCEM participant au forum annuel ESCEM Entreprise-Recrutement de novembre 2004.

www.escem.fr ou www.escem.org

Bibliographie

ALBERT Éric et EMERY Jean-Luc, *Au lieu de motiver, mettez-vous donc à coacher !*, Éditions d'Organisation, 1999.

ALBERT Éric et EMERY Jean-Luc, *Le manager est un psy*, Éditions d'Organisation, 1998.

ALBERT Éric et NGUYEN NHON Daniel, *N'obéissez plus !*, Éditions d'Organisation, 2001.

BESSIS Ellen et STACKE Édouard, *L'effet Booster*, Dunod, 1992

BLOCH P., HABABOU R., XARDEL D., *Service compris*, Lattès, 1986.

CATHELINEAU Marc, *Négocier gagnant*, InterEditions, 1991

CHAHDORTT Djavann, *Bas les voiles !*, Gallimard, 2003

CHALVIN Dominique, *Les outils de base de l'analyse transactionnelle*, ESF, 2000.

CHALVIN Dominique, *Utilisez toutes les capacités de votre cerveau*, ESF, 1990.

CHANTEREAU Pierre-Loïc, *Le management des réseaux d'enseigne*, Collection Points de vente, éditions Liaisons, 1996.

CLIFTON Donald et NELSON Paula, *Jouez à fond vos points forts*, Marabout, 1994.

DUMON Charles-Henri, *Le guide de l'entretien de recrutement*, Éditions d'Organisation, 2002.

DUMON Charles-Henri, *Les 7 secrets de ceux qui ne sont jamais au chômage*, Éditions d'Organisation, 1999.

GODIN Seth, *Permission Marketing*, Maxima, 2000.

HOPKINS Tom, *Partez gagnant*, Marabout, 1992.

JUNG C.G., *Essai d'exploration de l'inconscient*, Gallimard, Folio Essais, 1964.

KAEPPELIN Philippe, *L'Écoute : séminaire, connaissance du problème et applications pratiques*, ESF, 1987

LABARRE Albert, *Histoire du livre*, Collection Que sais-je ?, PUF.

LE BOTERF Guy, *Travailler en réseau*, Éditions d'Organisation, 2004

LE SAGET Meryem, *Le manager intuitif*, Dunod, 2001.

LUNGHI Cristina, *Et si les femmes réinventaient le travail...*, Eyrolles, 2001

MARTY, Alain. *Réseaux d'influence : le guide des clubs en France et dans le monde*, Ramsay, 2001.

MICHON Cédric, *La Renaissance*, Les Essentiels Milan, 2004

MINC Alain, *Ce monde qui vient*, Grasset, 2004

NICOLAS Pierre et MORTEMARD DE BOISSE Jérôme, *La gestion du temps*, Éditions d'Organisation, 1984.

RAUSCHER Jean et MARC Sylvie, *A la conquête de la Silicon Valley*, Éditions d'Organisation, 1999.

SERRES Michel, *Eclaircissements : entretiens avec Bruno Latour*, Éditions François Bourin-Julliard, 1991.

SERRES Michel, *Le Tiers-Instruit*, Éditions François Bourin, 1991.

SOULEZ Bettina, *Devenir un lecteur performant*, Dunod, 2005

SOULEZ Bettina et GIRAUDY Marie-Agnès, *Écrire vite et bien en affaires*, TOP, 1997.

SOULEZ Bettina, *Former et se former*, TOP, 2001.

SOULEZ Bettina, *Lire vite et bien*, Éditions d'Organisation, 2002.

STERN Patrice, *Être plus efficace*, Éditions d'Organisation, 2001.

TEPPERWEIN Kurt, *Méthode de training mental : comment transformer positivement votre vie*, Dangles, 1992.

WESTPHALEN, Marie-Hélène. *Communicator : le guide de la communication d'entreprise*, Dunod, 2002.

www.ingramcontent.com/pod-product-compliance
Lightning Source LLC
Chambersburg PA
CBHW072307210326
41519CB00057B/3059